인터넷과 이론서에 없는

대표님을 위한 인사(HR) 가이드

인터넷과 이론서에 없는

대표님을 위한 인사(HR) 가이드

발 행 | 2022년 09월 07일
저 자 | REBOUND
펴낸이 | 한건희
펴낸곳 | 주식회사 부크크
출판사등록 | 2014.07.15(제2014-16호)
주 소 | 서울특별시 금천구 가산디지털1로 119 SK트윈타워 A동 305호
전 화 | 1670-8316
이메일 | info@bookk.co.kr

ISBN | 979-11-372-9442-4

www.bookk.co.kr
ⓒ REBOUND 2022

인터넷과 이론서에 없는
대표님을 위한 인사(HR) 가이드를 만든 이유

2018년부터 70여명의 대표님들을 만나고 그들의 인사관련 고민과 애환을 들었습니다. 5년 정도 지나니 소규모 기업의 대표님들이 갖고 있는 대표적인 고민을 묶어볼 수 있겠다는 생각했습니다.

99.9% 이상의 인사 교육과 서적은 대기업(인사담당자가 몇 명에서 수십 명 이상 있는), 학생(현실과 괴리감이 큰 이론서 기반), 인사담당자(실무 기초 또는 실무 전문가 수준)에 초점이 맞추어져 있습니다. 정작 인사(人事)가 궁금하고 인사로 답답한, 인사 업무를 직접 수행하는 수십만 개의 소규모 기업의 대표님을 위한 인사 가이드는 찾을 수 없었습니다. 이 책은 인사에 대한 고민과 애환이 있는 대표님들에게 조금이나마 도움이 되었으면 하는 마음에서 쓰여진 책입니다.

2022년 9월

rebound

머리말

직원을 채용하기 전에

직원을 채용한다는 것은 누군가의 인생을 책임진다는 것과 같습니다. 그만큼 신중해야 합니다. 그것이 인사입니다. 일이 많아서, 막연하게 필요할 것 같아서 등과 같은 사유로 채용하면, 채용 이후 쉽게 괴로워 집니다.

직원 채용 전에 우리가 생각해야 할 것들은 다음과 같습니다.

첫 번째, 직원을 채용할 만큼 일이 있는가
두 번째, 직원을 유지하는데 재무적으로 문제가 없는가
세 번째, 어떤 직원이 필요한가
네 번째, 직원의 급여는 얼마나 지급 가능한가
다섯 번째, 근무 기준은 어떻게 할 것인가
여섯 번째, 복리후생으로 제공할 수 있는 것은 무엇인가
일곱 번째, 근무장소는 회사라 생각할 수 있는가

첫 번째, 직원을 채용할 만큼 일이 있는가

직원을 채용할 만큼 일이 있다는 것은 '무슨 일을 시킬지 명확하고, 그 일이 1인 분의 일이 확실하다'는 의미입니다. 1인 분의 일이 하루에 6시간 40분 이상 할 일인가를 기준으로 판단하는 것을 추천합니다. 6시간 40분은 일 소정근로시간 8시간을 뽀모도로 기법으로 모두 채우는 것을 가정한 것입니다. 이렇게 하는 것은 피로도가 상당할 거라 예상되며, 이럴 수 있는 사람이 있을까 싶으니, '이상적인 근로자(=대표님 마음 같은 직원)가 이상적으로 근무할 수 있는 시간'이라 생각하세요

뽀모도로 기법(Pomodoro Technique)

시간 관리 방법론으로 1980년 후반 프란체스코 시릴로가 제안했다. 타이머를 이용해서 25분간 집중해서 일을 한 다음 5분간 휴식하는 방식이다. 프란체스코 시릴로가 대학생 시절 토마토 모양으로 생긴 요리용 타이머를 이용해 25분간 집중 후 휴식하는 일처리 방법을 제안한 데서 그 이름이 유래했다.

일 소정근로시간 중 집중 가능시간

8시간 X 60분 → 480분 ÷ 30분 = 16번 뽀모도로 기법 가능

→ 16번 X 5분 = 80분 → 1시간 20분 = 쉬는 시간

8시간 - 1시간 20분 = 6시간 40분 = 집중해서 근무하는 시간

두 번째, 직원을 유지하는데 재무적으로 문제가 없는가

　직원 급여(인건비)를 지급하는데 문제가 없어야 합니다. 다음과 같이 계산 해 보는 것을 추천합니다.

안정적 수익 : 매출 - 원가 - 사업운영비 - 대표님 급여 ≧ 인건비

인건비 = 직접 인건비 + 간접 인건비

직접 인건비 : 직원 급여, 상여

간접 인건비 : 직접인건비의 2~30% (사회보험료, 복지 비용, 교육비,
　　　　　　　사무기기 비용, 비품 비용, 회식비 등)

세 번째, 어떤 직원이 필요한가

　어떤 직원이 필요한지는 채용, 교육, 평가, 연봉 인상, 권고사직, 퇴직자 관리 등 모든 인사 영역에서 중요한 개념입니다. 아주 중요하죠. 주제마다 살짝 다르게 표현될 뿐 핵심은 '필요한 직원' 입니다. 필요한 직원이 정의되지 않은 상태에서 채용을 진행하는 것은 눈과 코를 막고 똥인지 된장인지 판단하는 것과 같습니다. 필요한 직원이 어떤 직원인지는 첫 번째 도서 '인터넷과 이론서에 없는 인사(HR)' 를 참고하세요.

네 번째, 직원의 급여는 얼마나 지급 가능한가

　지피지기백전불태(知彼知己百戰不殆)라는 모두가 아는 말이 있습니다. 급여에서 이 말은 '다른 회사의 급여 수준을 알고 우리 회사

급여 수준을 알고 급여 기준을 설정해야 한다.' 정도로 적용할 수 있습니다. 이 책에서 다른 회사가 얼마를 주는지 알아보는 방법과 급여의 기준을 정하는 방법 등을 알아보겠습니다.

다섯 번째에서 일곱 번째의 내용은 취업규칙, 인사규정, 근로계약서, 사내 방침 등과 관련된 사항으로 이전에 출간한 '인터넷과 이론서에 없는 인사(HR)'에 다룬 내용이라 필요 시 필요한 내용만 다루겠습니다.

CONTENT

제1장 작은 회사가 갖추어야 할 기본 인사

1. 근무시간, 점심시간, 휴게시간

1 일 근로시간은

근로기준법 제50조(근로시간)에서 휴게시간을 제외하고 8시간을 초과하지 못하도록 되어 있습니다. 8시간 이내라면, 근로자와 협의해서 4시간, 5시간 등으로 1일 근로시간을 정할 수 있습니다. 이렇게 정한 시간은 근로계약서에 명시되어야 합니다. 이를 1일 소정근로시간이라고 부릅니다.

1 일 근무시간은

흔히 들을 수 있는 9시 출근, 6시 퇴근을 근무시간으로 바꾸면 9시간(휴게시간 포함)입니다. 여기에는 근로기준법 제50조(근로시간)에서 정한 4시간당 30분으로 주어지는 휴게 시간 1시간이 포함되어 있습니다. 휴게시간 1시간은 근무시간 중에 사용하도록 근로기준법 제54조(휴게)에서 정하고 있습니다. 그래서 대부분 회사가 1시간을 점심시간으로 사용하고 있죠.

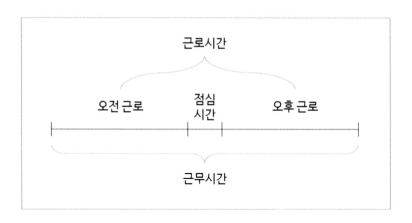

Question = 실제 대표님들께 자주 받는 질문입니다.

Question.

11시간을 근무한 직원의 휴게시간은 어떻게 되나요?

Answer.

4시간당 30분의 휴게시간이 발생하므로, 4시간 미만으로 근무한 시간을 계산해서 휴게시간이 발생하지 않습니다. 이는 11시간을 근무한 직원이든 3시간 근무한 직원이든 똑같습니다. 11시간을 근무하였으므로, 1시간의 휴게시간을 주는 것이 적합합니다. 참고로 근로기준법은 최소한 지켜야 하는 기준입니다.

휴게시간을 1시 간 이상 주면 됩니다. 휴게시간은 사용자(회사)의 지휘감독 하에 있지 않고 근로자가 자유롭게 사용할 수 있는 시

13

간을 의미합니다.

11시간 근무에 휴게시간을 2시간 주었더라도 그 중에 근로자가 언제든지 있을 업무를 수행하기 위해 대기하는 시간은 근로시간으로 판단합니다.

예) 배달대행업체 근무시작 오전 11시 ~ 오후 10시, 주문이 거의 없는 시간에 2시간(오후 3시 ~ 5시)의 식사시간 겸 휴식 시간을 주었음. 휴식시간 중 주문이 들어올 경우 응대해야 함. 2시간은 대기 시간으로 판단하는 게 적합함.

Question.

저희 회사는 10시에 출근하여 저녁 8시 퇴근입니다. 중간에 일이 없는 시간이 있어서 점심시간 외에도 휴게시간으로 1시간 더 설정 하고 싶은데 가능한가요?

Answer.

매일 또는 특정 요일에 특정시간에 휴게시간이 1시간 더 보장된다면 휴게시간으로 1시간을 더 설정하여 임금을 지급하지 않아도 문제되지 않습니다. 하지만 일이 있을 경우에 일을 해야만 한다면 일을 위한 대기시간으로 간주되어 대표님이 생각하는 휴게시간 1시간에 해당하지 않습니다. 임금을 지급하는 게 맞습니다. 앞서 언급한 휴게시간이 보장된다는 의미는 '회사의 지휘나 감독을 받지 않고 자유롭게 사용할 수 있는 시간' 입니다.

Question.

9시에 출근해서 점심식사를 안하고 쭉 일해서 17시에 퇴근하는 게 가능한가요?

Answer.

휴게시간은 근무시간 중 사용하는 것으로 근로기준법 제54조에 명시되어 있습니다. 직원이 회사에 질문처럼 요구하는 것은 근로기준법을 회사가 위반하라고 하는 것과 같습니다. 다만 근무시간의 유연성을 위해 22년 초부터 이 부분을 개정하는 것이 국회에서 논의되고 있으니 지켜봐야 합니다.

근무시작, 종료시간은

근무시작, 종료시간은 회사의 여건에 따라 회사 또는 직종/직군/직무 또는 근로자마다 다르게 정할 수 있습니다. 회사와 근로자가 체결한 근로계약에 근무시작, 종료시간은 작성되어야 합니다.

Question.

근무시작, 종료시간은 어떻게 하는 게 좋을까요?

Answer.

9 to 6가 많지만, 업종/직종마다 다르게 하는 경우가 점점 많아지고 있습니다. 다른 회사가 어떻게 하는지 알아보려면 채용 공고를 확인하는 게 가장 빠릅니다. 잡포털에서 롤모델로 삼고 싶은 회사의 채용공고를 참고하기 바랍니다.

Question.

특정 직원의 1일 근로시간, 근무시간을 다르게 해도 되나요?

Answer.

가능합니다. 근로시간을 다르게 함으로 살펴봐야 할 부분은 주휴 수당, 연차휴가, 급여입니다. 주휴수당은 1일 근로시간에 비례해서 발생합니다. 1일 6시간을 5일간 근무했다면, 주휴수당으로 계산될 시간은 6시간입니다. 참고로 주휴수당은 일주일에 15시간 이상 근무한 직원에게만 지급하면 됩니다. 연차휴가는 기본으로 일수 15일로 발생합니다. 근로기준법에서 정한 대로 지급하되, 연차휴가수당으로 지급할 경우는 연차휴가 잔여일수 1일당 6시간으로 계산해서 지급합니다.

가장 중요한 급여는 연봉 인상 시기에 꼼꼼하게 챙겨야 8시간 근무 하는 직원과의 형평성이 맞습니다. 6시간 근무하는 직원의 연봉을 8시간으로 환산하고, 8시간 근무하는 직원과 비교하여 연봉을 책정 합니다. 간혹, 6시간 근무하는 직원의 연봉을 8시간으로 환산하면 상당히 높은 연봉인 경우가 있습니다. 단순히 급여 지급액을 비교하는 것이 아닌, 근무시간을 감안해야 함을 잊지 마세요.

2. 4인 이하 회사에 추천하는 휴가 운영

근로기준법의 연차 유급휴가가 적용되지 않는 4인 이하 회사도 직원 휴가 기준을 정의하는 것이 좋습니다. 그렇지 않으면 누구는 많이 쉬고 누구는 안 쉬고 등 휴가를 중구난망으로 사용하게 됩니다. 4인 이하 회사도 근로기준법을 적용하는 게 가장 명확하고 근로자에게 말하기도 좋으나 법대로 적용하기에는 현실적인 문제(휴가로 일할 사람이 없는)가 큽니다. 그렇다고 휴가 기준이 없는 것은 근로자 입장에서 부당하거나 부적합하게 느껴집니다.

추천하는 휴가 기준
- 예전 개념인 월차를 적용해서 1개월 만근 시 1일의 유급휴가를 지급합니다. (15일 만근 시 0.5일 휴가 사용 가능)
- 근로기준법의 2년에 1일씩 휴가를 가산하는 것은 적용하지 않습니다.
- 휴가는 연단 위로 누적하여 사용 가능하되, 연단 위로 이월은 안

되는 것으로 합니다.

- 매년 1월에 휴가일수 1일로 시작
- 잔여휴가에 대한 보상은 없는 것으로 합니다.

하계휴가를 운영한다면

매년 6월에 직원의 하계휴가 계획 확인

- 하계휴가 계획을 확인하면서 하계휴가 계획 시점까지 만근 시 몇일의 휴가를 사용 가능한지 직원에게 알려주세요.

  예) 1~7월까지 만근 시, 발생 휴가는 7일

      1~7일 중 사용한 휴가가 있다면 7일에서 차감

- 사용 가능한 휴가일수를 알려주면서 회사의 정책 '우리 회사는 하계 휴가 0일만 사용 가능함을 안내 : 0일의 경우 평일을 의미'을 안내 합니다.

  예) 우리 회사는 하계휴가 최대 3일입니다.

- 업무 공백이 발생하는 것을 방지하기 위해 직원의 휴가는 교차하여 사용 가능함을 안내(직원 간 협의하여 하계휴가 일정을 제출) 합니다.

- 하계휴가 계획 시점에 사용 가능한 휴가가 며칠 없을 것으로 예상 시, 이후에 발생 가능한 휴가에서 차감하여 사용 가능함을 직원에게 안내합니다.

예) 사용 가능 휴가가 부족한 분은 발생할 연차를 당겨서 하계 휴
   가로 사용해도 됩니다.
- 만약 발생한 휴가를 초과해서 사용하고 퇴사한 경우, 퇴직급여
  에서 '휴가일수 X 통상시급 X 일소정근로시간'만큼 차감하여
  지급함을 안내합니다.

휴가 신청 방법

휴가 신청은 카카오톡, 구두가 아닌 시스템으로 하는 것이 좋습
니다. 그래야 히스토리가 관리되고 급여, 수당의 근거로 사용할 수 있
습니다. 근태관리 시스템은 사용 인원이 적은 경우 무료로 사용 가능
하기도 하며, 휴가를 신청하면 잔여 연차일수 등을 자동으로 관리해
줘서 회사와 직원 모두가 편리합니다. 또한 작게나마 '프로세스'를 갖
출 수 있어 체계적인 휴가 사용이 됩니다.

Question.

근태관리 시스템을 추천한다면 뭐가 있나요?

Answer.

시프티, 카카오워크를 추천합니다. 시프티(shiftee)는 근태관리에
특화되어 있어서 어지간한 회사의 근태관리 니즈에 맞출 수 있게

구성되어 있습니다. 저희 회사도 사용 했었어요. 카카오워크는 이름에서 알 수 있듯 카카오에서 만든 플랫폼 입니다. 근태관리뿐만 아니라 업무 메신저, 전자결재를 무료로 사용 가능합니다. 시프티만큼 근태 관리에 특화되어 있지는 않으나 업무 메신저를 제공한다는 점과 익숙한 UX/UI는 강점입니다.

추천하는 휴가 신청 프로세스
① 휴가 신청 ← 최소 휴가일의 3일 전에 신청
② 대표님 또는 부서장 승인 ← 승인되지 않은 휴가 사용 시,
　　　　　　　　　급여에서 차감(무단결근처리)
③ 다른 직원에게 공유 ← 다른 직원과 휴가가 겹치지 않게 조절

3. 근로기준법 적용 연차유급휴가 운영 방법

　연차 유급휴가의 발생 기준, 사용 방법, 기타 사항은 근로기준법 제60조(연차유급휴가), 제61조(연차유급휴가의 사용 촉진), 제62조 (유급휴가의 대체)에서 정의하고 있습니다. 제62조의 경우 개정 여지가 높습니다. (개정되었는지 확인해 보세요.) 아래 내용은 문장으로 표현되어 있는 제60조와 제61조를 관련 판례와 고용 노동부 질의 답변을 반영하여 정리하였습니다.

연차휴가 발생/사용 기준
1) 발생조건 : 1년의 80% 이상 근로 또는 1년 근로
　　　　　(366일이 되는 날, 윤년인 경우 367일이 되는 날)
2) 발생일수 : 15일의 연차유급휴가
　　　　　2년에 1일씩 추가 발생(1~2년 : 15일, 3~4년 : 16일 …)
3) 사용기한 : 연차 발생일로부터 1년간 사용 가능

1 년 미만(364 일) 근무 시점까지 사용 가능한 연차

1) 1개월 만근 시마다 1일의 유급휴가가 발생, 사용 가능

  (입사 후 1개월 미만 = 휴가 없음)

2) 입사 후 365일(만 11개월)까지는 11개의 유급휴가가 발생

3) 364일까지 사용한 휴가는 발생한 휴가에서 차감

  예A) 만 11개월 근무 → 11일의 유급휴가 발생 → 3일 사용 →
    9일 남음

4) 365일 근무기간 중 80% 이상 근로 시 1년 만근 된 이후(366일)에
    15일의 연차 추가 발생

  예B) 366일 도래(15일 연차 발생) → 예A)의 9일 + 15일 =
    26일 사용 가능

5) 사용기한 : 연차 발생일로부터 1년간 사용 가능

    (만 2년 전까지 사용 가능)

6) 문제점 : 1년 조금 넘게 근무한 직원의 연차일수가 많음

7) 해결방법 : 1년 미만 직원에게도 연차 촉진제 적용

    (관련 요건 충족해야 함)

Question.

  이게 무슨 말인가요? 1년 미만 근무한 직원의 연차도 연차 촉
진제를 운영할 수 있다는 건가요?

Answer.

네, 맞습니다. 기존 재직자에 연차 촉진제를 운영하는 시점에 동일하게 연차 촉진제를 운영하면 연차휴가수당을 지급할 의무가 없어 짐과 동시에 1년 미만 기간 동안 발생한 연차는 소멸됩니다.

Question.

1년 1일 근속한 직원의 연차가 몇 년 근속한 직원보다 많게 계산되는데 맞나요?

Answer.

1년 1일 근속한 직원은 1년 미만일 때, 발생한 연차 11일과 1년을 근무함에 따라 발생한 연차 15일을 합하여 1년 1일 된 시점에 26일 의 연차를 사용할 수 있습니다. 1년 1일 된 날부터 2년이 되기 전일까지 26일의 연차휴가를 사용할 수 있습니다. 뭔가 이상하죠? 길면 몇 년 내 변경되리라 생각합니다. 이 부분을 해결하기 위해서라도 꼭 1년 미만 직원도 연차 촉진제를 하는 것을 추천합니다.

연차 촉진제 실무 : 연차 수당을 합법적으로 안 주는 방법

연차를 사용할 수 있는 권리는 발생한 년도까지 유효하고 연차 휴가 미사용수당을 받을 수 있는 권리는 3년간 유효합니다. 회사는 연차휴가 미사용수당을 지급할 의무를 없애기 위해 연차휴가 사용을 권고할 수 있습니다. 실무적인 순서로 아래와 같습니다.

첫 번째,

연차휴가 사용 만료일 6개월 전(12월 31일 기준, 7월 1일)을 기준으로 10일 이내에 직원에게 개인별 발생 연차, 잔여 연차를 알려주고 잔여 연차를 언제 사용할 것인지 공지한 날로부터 10일 이내에 잔여 연차 사용계획을 제출할 것을 공지/안내합니다.

※ 공지/안내의 형식은 무관하지만, 이메일/사내 게시판 등을 통해 기록이 남도록 하며 '누가 0000년도에 연차휴가가 며칠 발생해서 공지/안내일에 며칠 남았구나'를 명확하게 알 수 있어야 합니다. 잔여 연차 사용계획은 직원 개인별로 받으며, 잔여 연차 사용 계획에 포함될 내용은 잔여 연차를 00월 00일에 1일, 00월 00일에 1일 등에 사용하여 잔여 연차가 0일이 되도록 작성합니다. 이 과정에서 특정 시점에 휴가가 몰리지 않도록 조절합니다.

두 번째,

연차휴가 사용 만료일 3개월 전인 10월 1일을 기준으로 앞과 동일한 과정으로 잔여 연차 사용계획을 받습니다. 이때, 잔여 연차 사용계획을 제출하지 않거나 제출하였음에도 잔여 연차가 있는 직원은 회사가 연차 사용일을 임의로 지정할 것임을 함께 공지/안내합니다. 'OO직원 잔여 연차 2일 언제 쉬세요.'

※ 직원이 회사가 임의로 지정한 연차 사용일을 바꾸고자 할 때는 바꾸게 해 줍니다.

세 번째,

회사가 지정한 연차 휴가일에는 직원의 컴퓨터, 자리에 '오늘은 OO 직원이 쉬는 날입니다'라고 A4지에 출력해서 놓아줍니다. 필요한 경우 사진을 촬영해 두어도 좋습니다. 판례에서는 이 정도까지 하여야 연차수당을 지급하지 않아도 된다 인정합니다.

네 번째,

연차휴가 사용 만료일 1개월 전(12월 31일 기준)을 기준으로 앞과 동일한 과정으로 잔여 연차사용계획을 받고 남은 연차가 있는 경우 동일하게 회사가 임의로 휴가일을 지정해서 직원에게 안내 합니다. 세부사항은 두 번째, 세 번째와 동일합니다.

연차휴가 발생. 회계연도 기준과 입사일 기준

연차휴가는 입사일을 기준으로 산정해서 부여하는 것이 원칙이지만, 관리상의 편의)를 위해 회계 연도 기준으로 산정하여 부여할 수 있습니다. 실제로 상당히 많은 회사가 이렇게 하고 있습니다.

입사일 기준으로 연차휴가를 부여하면 직원의 입사일마다 연차를 부여하는 것도 그렇지만, 연차 촉진제를 직원마다 다른 날짜에 해야 합니다. 일이 많아져요. 직원이 1명이고 더 이상 채용할 일이 없더라도 회계연도 단위로 하세요. 정해진 시점에 정해진 내용을 진행하면 되니 일이 아주 심플해집니다.

> 회계 연도 기준 = 1월 1일에 연차휴가 발생, 12월 31일까지 씀.

Question.

연차내규와 연차 대체 사용합의서로 기존에는 모든 직원이 1년차에 생기는 15일 발생 건을 당겨와서 사용하였습니다. (1년 되기 전에 11일 발생하는 연차 없었음) 근데 이번에 2022년부터 1년 되기 전 11일 발생하는 것을 적용하려 합니다. 1년차 11일 + 15일 발생 여기서 연차 운영에 관한 문의 드립니다. 1년이 되기 전에 11일 발생하는 건은 사용 기한이 언제까지 인가요?

Answer.

입사 1년 ~ 2년까지입니다.

Question.

기존에는 1년 차까지 11일 발생되는 조건이 없었는데, 새로운 직원부터 적용할 경우 기존 직원과 문제가 생길 거 같은데 이럴 경우 좋은 방법이 있을까요? 기존 직원에게도 일괄로 11일 추가 지급해야 하는지 궁금합니다.

Answer.

기존 직원은 11일 추가 지급하지 않습니다. (법은 소급 적용되지 않아요.) 참고로 이런 종류의 직원 불만에 대응하기 시작하면 직원 입장에서는 이런저런 불만을 계속 제기하기 쉬우니, 근로기준법에 따라 연차 휴가제도를 운영함을 강조하고 흔들리지 않으셔야 합니다.

Question.

1년 1일 일하고 퇴사할 경우, 11일+15일인데, 이 경우 퇴직금 1년 16일 치 + 15일의 연차수당을 지급하는 게 맞는 건가요?

Answer.

연차 촉진을 해서 1년 미만 시에 발생한 11일은 지급의무를 없앨 수 있으나 1년 만근에 따라 발생한 15일의 연차는 촉진할 수 없으니 지급해야 합니다.

Question.

연차일에 직원이 근무하였습니다. 어떻게 해야 하나요?

Answer.

적극적인 노무수령 거부 의사 표시인 'PC OFF, OO직원이 쉬는 날입니다' 표시 등을 하지 않았다면 연차수당을 지급해야 합니다. 또한 연월차일에 근무시 휴일수당을 줘야 하는 거 아닌가 하는 의문이 생길 수 있는데, 근로기준법에서 정의한 휴일의 개념에 연월차는 포함되지 않는다는 판례에 따라 휴일수당을 지급할 의무는 없고 연차 수당만 지급하면 됩니다.

Question.

연월차휴가를 시간 단위로 분할해서 사용할 수 있나요?

Answer.

가능합니다.

4. 수습기간 운영

　수습기간은 채용한 직원이 회사, 일과 잘 맞는지 확인하는 기간입니다. 회사는 수습기간 동안 직원이 일을 회사가 원하는 수준 까지 할 수 있는지, 회사 문화에 부합하는지 확인합니다. 어느 정도는 용인하지만 상식을 넘어서는 수준까지 맞지 않을 경우 근로 계약을 종료할 수 있습니다. 근로계약을 종료할 수 있다고 해서 'OOO님 이제 출근하지 마세요. 우리 회사와 잘 맞지 않네요.' 이렇게 무례 하게 말하면 안 됩니다. 예의 있고 명확하게 해야 합니다.

　예의 있고 명확하게 한다는 것은 사람 자체가 아닌 회사가 원하는 것과 그 사람이 가지고 있는 경험과 역량이 맞지 않아서 계속 함께하는 것은 서로에게 좋지 않을 것이라 예상되니 고용 관계를 종료하는 것이 좋다고 판단했다라는 형태를 말합니다. 이렇게 하는 이유는 해고할 직원과의 트러블보다 남은 직원들의 동요를 최소화 하기 위함입니다.

　해고의 절차 부분은 인터넷에 검색하면 많이 나오니, 검색해도 잘 안 나오는 '정당한 해고 사유를 갖추는' 방법을 알려 드리겠습니다.

수습을 기준으로 작성하였지만 문제 있는 정규직원을 해고에도 얼마든지 응용할 수 있습니다.

정당한 해고 사유 갖추기 = 수습'평가 잘하기'

'평가를 잘한다'는 것은 기준, 과정, 피드백이 모두 갖추어진 것을 의미합니다. 이것은 입찰을 통해 업체를 선발하는 것과 같습니다. 일반적인 입찰 과정에서는 입찰 공고를 통해, 입찰에 참여할 수 있는 업체(A), 업체를 평가하는 기준(B), 입찰 진행 과정(C)을 안내합니다. 그리고 업체 평가가 종료되면 입찰 결과(D)를 안내합니다.

수습평가를 입찰로 보면 (A)는 수습직원이며 (B)는 수습평가기준, (C)는 수습평가절차, (D)는 수습평가결과를 의미합니다. 입찰에 참여하는 업체는 (B)를 가장 궁금해합니다. (B)에 따라 입찰 참여 여부를 결정하죠. 수습직원에게 (B)는 수습기간 동안 무엇에 집중해야 할지, 무엇을 조심해야 할지 알려주는 이정표와 같습니다. (C)는 입찰에서는 입찰서류접수, 제안 발표 등이 됩니다. 수습평가에서는 수습 과제 발표가 있을 수도 있고, 별도 과제 없이 소속 부서장의 수습 평가가 진행될 수도 있습니다. 혹은 두 가지 모두 진행할 수도 있습니다. 수습 과제 발표가 있다면 무조건 미리 알려줘야 준비할 수 있습니다. 미리 알려주지 않고 수습 과제 발표 평가결과를 기준으로 고용관계를 종료했다면 정당한 해고 사유로 인정받지 못할 수 있습니다. 미리 알려

준다는 것은 수습기간 시작 시점에 알려주는 것을 의미합니다.

(D)는 입찰에서의 입찰 결과와 조금 다릅니다. 입찰에서는 탈락한 경우 '선순위 업체가 선정되었다'만 안내하면 되지만, 수습평가 결과는 근로계약 종료만 안내하면 안 됩니다. '근로계약의 종료 사유' 도 알려주어야 합니다. 이때, 근로계약 종료 사유의 맥락은 다음과 같습니다. '사전에 안내한 수습평가기준과 절차에 따라 수습평가를 진행하였으나 OOO님을 정식 직원으로 채용하기에 부족하다는 의견이어서 근로계약을 종료하게 되었습니다.'

근로계약 종료는 면담을 거치는 것이 좋으며, 면담에서는 되도록 근로계약을 종료할 직원의 사정을 청취하는 것에만 집중해야 합니다. 되도록 말을 줄여야 하는 면담 시간입니다. 면담 중에 근로계약 종료 통보서는 수습직원에게 주고 수습 평가표 양식(수습직원에게 줄 의무 없음)를 보여주면서 어떤 부분이 부족했는지 설명할 수도 있습니다.

Question.

근로관계를 종료하려는 직원이 퇴사하지 않겠다고 버팁니다. 어떻게 해야 할까요?

Answer.

좋게 이야기했으나 안 나가려 한다면 당황스럽습니다. 직원에게 여러 번 기회를 주었으나 개선의 여지가 없어서 해고를 이야기했을텐데 말이죠. 대표님도 직원을 해고하려니 스트레스 받겠지만 직원 입장에서도 갑작스럽게 회사를 관두는 것은 상당한 스트레스입니다. 이 경우 해고 직원에게 부드럽게 내보내는 방법은, 해고 대상 직원이 당면한 큰 문제를 임시적으로 해결해 주는 것입니다.

아래 옵션은 처음부터 직원에게 제시하지 말고, 최대한 아껴가며 사용하기 바랍니다. 처음부터 제시하면 회사에 '퇴사할 때 그 정도도 못 받으면 바보다'라는 소문이 돌 것입니다.

A1) 1~3개월의 급여를 퇴직위로금으로 지급한다. 몇 개월을 지급할지는 근속기간에 비례해서 판단한다.

A2) 퇴직위로금이 지급되는 기간만큼 재직기간을 추가로 잡아준다. 1개월 퇴직위로금을 지급한다면 1개월 더 재직한 것으로 하세요. 재직기간을 추가로 잡아준 만큼 퇴직금도 해당 기간만큼 추가로 지급 한다. 해당 기간만큼 경력기간이 늘어난다.

B) 실제 퇴직일로부터 +3~6개월의 재직기간을 잡아준다. 잡아준 재직기간 중에 타사 취업 시 해당 시점으로 재직기간 잡아주는 것은 종료한다. A2와 마찬가지로 퇴직금과 경력기간이 늘어나고 공백 기간이 최소화되어 이직에 유리하다.

C) 실업급여를 받을 수 있게 고용보험 상실 신고를 하고 관련 서류를 발급해 준다.

수습평가

평가의 객관성을 확보하기 위해 수습평가는 부서장 1명에 의한 평가보다는 다면 평가(부서장, 동료) 형태로 진행하는 것을 추천 합니다. 평가항목도 다면평가에 적합하게 구성합니다. 회사 인원이 너무 적어서 다면평가를 못하는 경우를 제외하고는 최소 3명(상사, 동료, 부하) 이상의 평가자가 평가에 참여하는 것을 추천합니다.

Question.

저희 회사의 수습 평가는 부서장만 하고 있습니다. 이렇게 해도 문제 되지 않나요?

Answer.

문제 되지 않지만 추천하지 않습니다. 평가는 객관성과 공정성이 가장 중요합니다. 이를 확보했느냐 안 했느냐에 따라 평가 결과로 해고했을 때 부당해고냐 아니냐로 갈라지기도 합니다. 국어사전에서 객관성은 주관에 좌우되지 않고 누가 보아도 그러하다고 인정되는 성질 임을 확인할 수 있으며, 공정성은 어느 쪽으로도 치우치지 않고 고르고(공평하고) 올바른 성질입니다.

다면평가로 객관성을 어느 정도 확보 할 수 있습니다. 공정성은 평가기준 또는 평가항목(수습 평가표 참고)과 평가 절차로 확보할 수 있습니다. 질문하신 대로 부서장만 평가할 경우 '객관적인 평가인가'는 상당한 의문입니다. 물론 3명 이상의 평가자가 평가를 해도 평가의 객관성이 문제될 수 있으나 문제될 확률이 상대적으로 낮습니다.

수습평가표

수습 기간은 성과를 보이기에는 회사와 업무에 적응이 덜된 기간이므로 '성과'는 평가 항목에서 제외하는 것이 합리적입니다. 수습 기간 동안 중요하게 관찰해야 하고 판단해야 하는 항목으로만 수습 평가하는 것이 좋습니다. 추천하는 수습평가표는 다음과 같습니다.

Question.

경력직 직원도 말씀하신 절차와 양식을 사용해도 될까요?

Answer.

네, 사용해도 됩니다.

Question.

수습기간이 3개월인 경우, 성과도 평가할 수 있을 거라 생각합니다. 성과를 평가하는 것은 어떻게 생각하나요?

Answer.

회사 또는 직무 특성, 경력직 등을 감안 시 3개월 이내 성과를 보일 수 있다면 성과를 평가해도 됩니다.

수습기간 종료 전에 정식직원으로 채용되거나 근로계약 종료됨을 통보해야 하는 것임을 감안할 때, 성과가 약 2개월 만에 나올 수 있어야 합니다. 수습직원에게는 해고 30일 전에 알리는 해고예고 의무는 없지만, 1개월 전에 해고를 통보하는 것을 추천합니다. 직원 입장에서는 2개월 만에 이렇다 할 성과를 보이는 것은 부적절하게 보입니다. 직원은 이를 평가의 공정성이 없으며, 정당한 해고 사유가 아닌 것으로 주장하기 쉽습니다. 노무 이슈죠. 많은 대표님 또는 부서장이 성과를 직원의 성실성(빠른 출근, 야근 등)과 업무 보고를 잘함, 윗사람과 코드가 잘 맞음으로 생각하는 경우가 많습니다. 직원은 이런 것들을 성과라고 생각하지 않습니다. 직원은 성과(Performance, Output)'를 생각합니다. 자신의 태도, 행동 등은 성과라고 생각하지 않습니다. 다음에 나오는 수습평가표는 대표님 또는 부서장의 마음 속에 있는 평가 기준과 일치하도록 구성했습니다.

수습 평가표

1. 수습 평가 대상자

소속	입사일	직급	성명

2. 수습 평가자

소속	입사일	직급	성명

3. 수습 평가 기준

구분	평가 포인트	의견
근무태도	근무에 임하는 태도에 성실하다. (지각, 잦은 자리비움 등)	그렇다 (　) 아니다 (　) 모르겠다 (　)
커뮤니케이션	'의사소통이 답답하거나 이해력이 부족하다' 느낀 경우가 없다.	그렇다 (　) 아니다 (　) 모르겠다 (　)
학습	회사의 시스템과 문화, 담당업무를 빠르게 배우기 위해 충분히 노력했다.	그렇다 (　) 아니다 (　) 모르겠다 (　)
적응/융화	수습기간 동안 회사와 업무에 충분히 적응하였으며, 앞으로 성과가 기대된다.	그렇다 (　) 아니다 (　) 모르겠다 (　)

종합의견	
	수습해제 (　) 수습연장 (　) 계약종료 (　)

수습 직원 근로계약종료 통보서

■ 근로계약종료 대상자

소속	입사일	직급	성명

0000년 00월 00일부로 체결한 귀하와의 근로계약이 수습 평가 결과에 따라 0000년 00월 00일로서 종료됨을 알려 드립니다.

당사의 수습 직원으로서 보여주신 노력에 깊이 감사드리며, 남은 기간 동안 업무에 협조 부탁드립니다.

- 아 래 -

1. 고용 시작일 : 0000년 00월 00일
2. 고용 종료일 : 0000년 00월 00일

0000년 00월 00일

주식회사 OOOO
대표이사 OOO

Question.

수습직원 급여 감액은 얼마까지 가능한가요?

Answer.

급여의 10%까지 가능합니다. 10%를 감액한 후 금액이 최저임금 미만인 경우, 최저임금법 위반에 해당하니 최대 최저임금까지만 감액 가능합니다.

Question.

수습기간 기간은 얼마나 가능한가요?

Answer.

정해진 것은 없으나, 통상 3개월로 많이 사용합니다. 여러 대표님과의 미팅에서 업종에 따라 짧게는 1개월에서 길게는 6개월로 운용하는 경우를 봤습니다. 2개월 사례도 있었습니다.

회사가 작은 경우에 수습직원이 우리 회사와 잘 맞는지 파악하는데 3개월의 시간은 길죠. 3개월의 인건비도 낭비에 해당하고요. 직원 입장에서도 3개월만 근무하고 퇴사하면 이력으로 쓰기에도 애매한 시간입니다. 3개월이 정답은 아닙니다. 다만, 수습직원도 해고예고 대상자임을 생각해 보면(해고예고는 1개월 전에 이루어져야 함) 1개월만에 판단하고 1개월 후에 퇴직하라고 해고 예고하는 게 너무 성급하다는 생각을 안 할 수가 없습니다.

5. 포괄임금제 운영 실무

포괄임금제를 쉽게 말하면, '시간외 근로를 하든 안 하든 정해진 시간만큼 시간외 근로 수당을 급여로 지급하겠다.'입니다. 판례에서 포괄임금제는 시간외근로를 측정하기 어려운 사업장 또는 직무에 한 하고 있지만, 실상은 시간외 근로의 측정 여부와 무관하게 많은 회사에서 적용하고 있습니다.

예A) 급여 300만원에는 시간외 근로 20시간이 포함되어 있다.

예A)와 같은 포괄임금제에서 주의해야 할 포인트는 다음 두 가지입니다.
1) 통상임금이 최저임금에 미달하는지
2) 급여에 포함된 시간외 근로를 초과 분에 대해 근로자에게 수당을 지급하는지

1)의 점검

통상임금이 최저임금에 미달하는지를 점검하기 위해서 먼저 소정근로시간을 확인해야 합니다. 소정근로시간은 법정 기준근로시간 내에서 미리 정한 근로시간을 의미합니다. 일, 주, 월로 구분할 수 있으며, 일 8시간, 주 5일 근무 근로자의 소정근로시간 계산은 다음과 같습니다.

일 소정근로시간 8시간

주 소정근로시간 48시간 = 8시간 X 5일 + 8시간(주휴수당)

월 소정근로시간 209시간   ※ ⌊ ⌋ 기호는 올림 기호

= ⌊48시간 X 1개월 평균주수(365일/12개월/7일)⌋

Question.

1일 근무시간이 6시간인 직원의 월 소정근로시간은 어떻게 산정 하나요?

Answer.

위 계산식에서 8시간으로 된 부분만 6시간으로 바꿔서 계산합니다. 일 소정근로시간에 비례해서 지급하는 주휴도 6시간으로 바꾸는 것을 잊지 마세요. 주휴는 1주의 근로시간이 15시간 미만인 근로자는 지급하지 않습니다.

일 소정근로시간 6시간

주 소정근로시간 36시간 = 6시간 X 5일 + 6시간(주휴수당)

월소정근로시간 157시간

     = 36시간 X 1개월 평균 주수(365일/12개월/7일)

예A)를 기준으로, 월 소정근로시간 209시간 + 고정 시간외 근로 30시간(20시간 X 1.5) = 239시간에 대한 보상으로 급여를 300만원 받고 있습니다.

통상 시간급 = 300만원 / 239시간 = 12,552원

※ 2022년 최저임금 9,160원

209시간에 대한 임금 = 2,623,431원(209시간 X 통상 시간급)

30시간에 대한 임금 = 376,569원(30시간 X 통상 시간급)

239시간에 대한 임금 = 3,000,000원

  위에서 통상 시간급은 급여 300만원을 근로시간 239시간으로 나눈 12,552원입니다. 단순하게 209시간에 대한 임금과 30시간 고정 시간외 근로수당(포괄임금제에서 매월 고정적으로 지급하는 시간외 표현)으로 계산했지만, 실제 급여 항목이 분리된 것에 따라 다르게 계산해야 합니다. 자세한 내용은 이어서 나오는 '2)급여에 포함된 시간외 근로를 초과 분에 대해 근로자에게 수당을 지급했는지'를 점검하는 내용에서 살펴 보겠습니다.

Question.

고정 시간외 근로수당이 30시간인 이유는 무엇인가요?

Answer.

시간외 근로는 근로기준법에 따라 50%를 가산하여 지급하여야 합니다. 위의 계산식은 시간외 근로 20시간에 50%를 가산한 형식을 취한 것입니다.

Question.

근로계약서에 고정 시간외 근로 20시간으로 작성하면 되나요?

Answer.

고정 시간외 근로만으로 표현하면 연장근로만 의미하는 것으로 해석되기 쉽습니다. 근로계약서를 작성시에는 연장/야간/휴일근로 20시간으로 표현하는 것이 회사 입장에서 유리합니다.

근로계약서에 어떻게 작성할지는 이어서 나오는 내용에서 살펴보겠습니다.

2)의 점검

'급여에 포함된 시간외 근로를 초과해서 근로한 시간외 근로를 수당을 지급했는지'

예A)를 실제 급여 항목처럼 구성한 예A-1)을 만들었습니다.

예A-1)   (단위 : 원)

기본급	고정 시간외	식대	자가운전보조	합계
2,323,431	376,569	100,000	200,000	3,000,000

예A-1)에서 고정 시간외 수당은 월 20시간을 기준으로 계산되어 있습니다. 월 20시간 이하의 시간외 근로를 직원이 했을 때는 예A-1)의 고정 시간외 수당을 지급하는 것이 문제 되지 않지만, 20시간을 초과하는 경우, 예A-1)의 금액만 지급하는 것은 시간외 수당을 덜 지급한 것이 됩니다.

예A-1)로 포괄임금제를 계약한 직원이 월 20시간을 초과해서 시간외 근로를 한 경우, 20시간을 초과한 만큼 시간은 시간외 수당을 지급해야 합니다. 계산 방식은 근로기준법에 따라 가산합니다.

Question.

여태까지 포괄임금제를 초과한 수당을 지급하지 않았습니다.

어떻게 해야 하나요?

Answer.

원칙적으로는 산정할 수 있는 최대한 계산해서 지급하는 게 맞습니다. 하지만, 회사에 비용 부담이 커집니다. 지문 인식, 태깅 등으로 출퇴근 기록을 하고 있었더라도 3개월 이내 기록은 서버에 보관하지 않는다, 주장하시고 실제 3개월 이전 기록은 삭제하세요. 3개월 이내 초과한 수당은 모두 지급하세요. 직원에게 '포괄임금제에 따라 포괄 산정된 수당을 초과하는 수당을 지급했어야 하는데 포괄임금제 운영이 미숙해서 지급해야 하는지 몰랐다 미안하다.'라는 맥락으로 솔직하게 공지하고 지급합니다. 회사가 잘못을 인정하는 게 부끄러울 수 있으나 이는 직원이 회사에 대한 신뢰를 높이는 계기가 될 수 있으니 꼭 솔직하게 공지하는 것을 추천합니다.

간혹 자신의 출퇴근 기록을 모두 가지고 있는 직원이 있기도 합니다. 이런 경우 해당 직원이 보유한 기록이 사실인지 판단할 수 있는 근거가 분명한지 점검하고 누가 보더라도 조작의 여지가 없다면 가령 서버의 데이터를 다운로드한 것이라든지, 매일의 근무 일지를 작성하고 부서장이 컨펌한 내용이 있다든지 등의 기록만큼 수당을 지급해야 합니다.

Question.

회사가 솔직하게 말하면 이를 악용하는 직원도 있고 또 다른 잘못은 없나 캐는 직원도 있을 것 같아서 걱정입니다.

Answer.

잠재된 이슈에 회사가 제대로 대처하지 않으면 직원에게 계속 끌려 다니게 됩니다. 공지글 작성, 직원 대응 등 대처하는 방법이 걱정이라면 저에게 연락 바랍니다. 제가 도와드립니다.

포괄임금제 계산

포괄임금제를 계산한 예A-1)을 조금 더 들여다 보겠습니다.

예A-1)   (단위 : 원)

기본급	고정 시간외	식대	자가운전보조	합계
2,323,431	376,569	100,000	200,000	3,000,000

예A-1)은 월 소정근로시간 209시간, 고정 시간외 근로 20시간을 기준으로 합니다.

예A-1)을 역으로 계산하면 다음과 같습니다.

고정 시간외 근로 20시간 X 1.5 = 30시간

고정 시간외 수당 376,569원/30시간 = 12,552원 (통상임금 시간당)

월 소정근로시간 209시간 X 12,552원 = 2,623,431원(A)

　(A)에서 식대, 자가운전 보조비를 제외한 금액을 기본급으로 계산하였습니다. 기본급을 이렇게 산정해도 문제되지 않는 이유는 식대, 자가운전 보조비가 통상임금에 포함되기 때문입니다.

(기본급 + 식대 + 자가운전 보조비) / 209시간 = 12,552원

　참고로 회사의 수당 운영에 따라 식대, 자가운전 보조비가 통상임금에 포함되지 않는 경우에는 식대, 자가운전 보조비를 제외한 기본급을 209로 나눈 금액이 12,552원이 되어야 합니다.

〈 통상임금에 들어가는 급여항목인지 판단 〉

급여항목 중에서 통상임금 여부 판단은 다음의 기준으로 합니다.

- 근로일수에 따라 지급 여부가 결정되는 경우 = 통상임금 X

　예) 매월 만근 시 정액 지급 (是非 있음)

- 근로일수에 따라 지급 금액이 결정되는 경우 = 통상임금 O

　예) 근로일수에 따라 일할 계산 지급 또는 매월 정액 지급

- 실비보상적으로 지급되는 경우 = 통상임금 X

　예) 사유발생 시 지급 (유류비, 통행료, 일비, 출장 식대 등)

포괄임금제를 근로계약서 또는 연봉계약서에 표현하기

포괄임금제를 계산한 예A-1)을 근로계약서에 표현하는 형태로 발전시킨 예A-2)를 만들어 보겠습니다.

예A-2)
(단위 : 원)

구분	기본급	고정 시간외		식대	자가운전보조	합계
월	2,323,431	376,569	연장/야간/휴일 근로 월20시간	100,000	200,000	3,000,000
연	27,881,172	4,518,828	-	1,200,000	2,400,000	36,000,000

추가로 근로계약서에 급여 항목별 설명을 작성해 주면 포괄임금제를 근로계약서에 표현하는 것은 완성입니다.

근로계약서에 급여항목 설명 작성 예시)

- 기본급 : 식대, 자가운전 보조와 함께 월 소정근로에 대한 임금이다.
- 고정 시간외 : 연장/야간/휴일근로를 포괄 산정 지급하는 임금으로 포괄 산정된 시간을 초과한 근로는 별도 지급한다.

Question.

　월 고정 시간외는 최대 몇 시간까지 넣을 수 있나요?

Answer.

　주 52시간제 시행된 이후, 1주에 연장근로는 12시간으로 제한

됩니다. 1개월은 몇 주가 있을까요? 언뜻 생각하면 4주 같지만, 실제로 4주 조금 넘어가기 때문에 1개월 평균 주수를 계산 합니다. 평균 주수와 주 12시간의 연장근로를 곱하면 월 시간외의 최대치인 52시간(월 고정 시간외 최대치)이 산정됩니다.

- 1개월 평균 주수 = 365일/12개월/7일 = 4.35
- 월 시간외 최대 = 1주 12시간 X 4.35주 = 52.2시간

52시간을 고정 시간외로 무조건 세팅하면 안 됩니다. 직원의 급여에 따라 통상 시간급이 최저임금에 위배될 수 있기 때문입니다. 앞서 살펴본 '209시간 + 78시간(= 52시간 X 1.5) = 287시간'으로 계산했을 때, 최저임금 미만이면 안됩니다.

기본급 기준과 직원의 기본급 정하기

통상의 회사들은 경영지원, 디자인 등과 같이 개인의 성과가 매출, 영업이익과 연결되지 않는 비영업직의 경우 기본급 비중을 높게 하고 인센티브 또는 성과급 비중을 적게 합니다.

예) 기본급(연봉의 90% 이상), 인센티브(연봉의 10% 이하)

영업직은 반대로 기본급 비중을 작게 하고 인센티브 비중을 높게 합니다.

예) 기본급(연봉의 70% 이하), 인센티브(연봉의 30% 이상)

Question.

같은 연봉 3천만원을 비영업 직원은 기본급 27백만원, 인센티브 3백만원을 지급하고 영업직은 기본급 21백만원, 인센티브 9백만원을 지급하라는 것인가요?

Answer.

비율 상으로는 맞지만 말씀하신 것처럼 지급하면 아무도 영업하지 않을 것입니다. 영업직의 경우 '연봉의 30% 이상'을 30%면 된다는 의미가 아닌 30% 이상으로 생각하여야 합니다. 가령 인센티브를 50%로 하는 것이죠. 3천만원을 기준으로 생각하면, 기본급 21백만원, 인센티브 최대 15백만원이 됩니다.

※ 단순하게 비율로만 산정한 금액입니다. 실제로는 제도적인 장치들이 적용되어야 합니다.

Question.

비영업직도 인센티브를 지급해야 하나요?

Answer.

소속감, 경영성과의 공유 등을 목적으로 지급하는 것을 추천 합니다. 매출, 영업이익의 성장을 위해 비영업직이 간접적으로 기여하고 있음을 잊어서는 안됩니다. 하지만 직접적으로 매출을 일으키지는 않으므로 영업직에게 지급하듯 인센티브를 지급하는 것은 추천하지 않습니다.

Question.

비영업직은 인센티브를 언제, 얼마 지급해야 하나요?

Answer.

비영업직의 성과급은 최소 분기에서 반기, 연 실적에 따라 지급하는 것을 추천합니다. 비영업직에 너무 잦은 인센티브를 지급하면 그 자체가 영업직의 불만이 되기도 합니다.

비영업직에 지급하는 인센티브는 회사 매출, 영업이익 성장을 기준으로 비영업직 전체 직원에게 지급할 인센티브 총액을 산정합니다.

산정된 총액을 비영업직 직원의 인사평가결과를 반영하여 인센티브 지급액을 계산합니다. 이때, 개개인의 연봉을 기준으로 인센티브를 산정하지 않고, 인사평가등급에 따라 절대금액으로 지급합니다. (연봉 의 몇 %로 계산하면 안 됨.) 이렇게 하는 이유는 고연봉 저성과자가 저연봉 고성과자 보다 인센티브를 상대적으로 많이 가지고 불합리함을 개선하기 위함입니다. 비영업직에게 지급하는 인센티브 총액은 회사마다 다를 수 있으나, 영업직의 의견을 듣고 영업직이 인정할 수 있는 수준으로 책정합니다.

예) 비영업직 상반기 인센티브 지급 기준

인사평가 등급	지급 금액
S	100만원
A	70만원
B	50만원
C	20만원
D	미지급

Question.

영업직 기본급은 얼마까지 가능한가요?

Answer.

기본급과 비과세 항목을 제외한 다른 통상임금을 포함하여 최저임금 이상이어야 합니다.

위에서 예로든 연봉 3천만원의 경우, 기본급 21백만원은 2022년 최저임금 연금액 22,973,280원(9,160원 X 209시간 X 12달)에 미달합니다. 그러므로 기본급은 1,973,280원 이상 인상해야 합니다. (연봉을 올려야 한다는 의미는 아닙니다.)

Question.

　근로계약서에 인센티브는 어떻게 작성해야 하나요?

Answer.

　성과에 따라 지급 여부와 지급액이 결정되므로 작성하지 않습니다. 인센티브 지급 최소 금액을 작성하는 경우도 있으나 이는 고정급으로 인식되기 쉬우며, 추후 통상임금 산정 시 포함될 가능성이 상당히 높으므로 되도록 작성하지 않는 것을 추천합니다.

6. 회사 생활가이드 만들기

음 그렇구나 그래서 뭐해야 하지?

앞의 내용들을 읽어보고 드는 생각은 '음~ 그렇구나 또는 그래서 뭘 하지?' 정도일 거라 생각합니다. 저라도 그럴 것 같아요. 그래서 뭘 할지 알려드리겠습니다.

회사 생활가이드를 만드세요

생활가이드는 우리 회사에서 근무할 때 참고할만한 내용(앞의 내용 포함)을 직원이 이해하기 좋게 정리한 것입니다. 새로운 직원은 '아~ 여기는 이렇구나!'라고 빠른 적응을 돕는 문서가 되며, 기존의 직원은 '이게 이런 거였구나!'라고 불명확한 부분을 명쾌하게 이해할 수 있는 근무지침이 됩니다. 다음의 내용은 저와 함께 생활가이드를 만든 회사의 사례입니다. 사례 회사는 30~40인 규모의 제조업입니다.

먼저 어떤 내용들을 어떤 순서로 보여 줄 것인지 정의합니다. 무작정 직원에게 말하고 싶은 내용을 넣는 게 아니라 목적성을 가지고 순서와 내용을 구성하는 것을 추천합니다. 다음 순서대로 작성하는 것을 추천하며, 내용은 전개 순서에 문제 없는 한 회사에 맞게 순서를 조정하거나 추가하세요.

1. 회사소개

    1) 비전

    2) 목표

    <u>3) 비전과 목표를 달성해서 직원과 나누고 싶은 것</u>

    4) 사업분야 및 브랜드

    5) 주요 거래처 또는 우리 제품을 만날 수 있는 곳

    6) 근무지 및 부서 위치

    7) 보안 및 안전

2. 인사 체계

    1) 직책, 직급

    2) 근무시간

    3) 평가/보상(연봉, 상여)

    4) 복리후생

    5) 포상

    6) 징계

    7) 교육

8) 휴가

9) 시간외/야간 근무

3. 생활 기타

1) 와이파이, 유선랜 사용방법

2) 복합기

3) 점심식사

4) 그룹웨어

5) 전자결재

6) 개인 지급 및 회사 구비 물품

7) 사무용품 구입

8) 법인카드

9) 출장비

10) 회의실

11) 탕비실 및 휴게실

12) 명함 신청

13) HR관련 문의

위에는 빠져있지만, 수습평가, 승진, 외부인재추천 등의 내용을 추가로 넣는 것도 좋습니다. 만약 제도가 미흡하다면 이번 기회에 생활가이드를 만들면서 도입하거나 정비하면 좋습니다.

다른 내용은 제목만 보면 바로 이해되지만, 1의 '3) 비전과 목표를 달성해서 직원과 나누고 싶은 것'은 뭔가 싶을 것입니다. 제가 자문하는 경우 회사의 비전과 목표를 이야기 하면서 꼭 넣어야 한다고 강조하는 내용입니다.

회사의 비전과 목표는 달성하면 회사가 좋은 것입니다. 비전, 목표가 달성되면 직원한테도 그 혜택이 돌아갈 거라 말할 수 있으나 이는 '물어보니까 생각나는 대로 하는 말'에 불과합니다. 직원은 회사가 자신의 비전과 목표만을 요구하고 '월급주니까 된 거 아냐'라고 생각하는 것을 알고 있습니다. 비전과 목표를 달성하면 직원에게 좋은 게 무엇인지 또는 무엇을 해 줄 것인지 알려줘야 합니다. 그래야 직원에게 당당하게 회사의 목표와 비전을 위해 노력해 달라고 요구할 수 있습니다. 목표와 비전을 달성해야 하는 명분에 해당합니다. 다음은 실제 생활가이드에 담긴 비전과 목표를 달성해서 직원과 나누고 싶은 것의 사례입니다.

비전과 목표를 달성해서 직원과 나누고 싶은 것 작성 사례

회사의 성장과 목표 달성은 OOOO직원의 자부심과 같습니다. OOOO의 비전과 목표를 달성하는 과정에서 직원들이 체감할 수 있도록 다방면에서 계속 고민하고 개선하겠습니다.

1) 계속해서 성장하고 있는 회사에서 다니고 있으며 회사의 성장에 자신이 기여하고 있다는 것을 명확하게 설명할 수 있는 것
2) 이전 보다 높은 급여를 받고 있으며, 앞으로 회사 성장에 따라 더 높은 급여를 받을 것이라 예상되는 것
3) 자신의 업무에 도움이 되는 좋은 동료와 상사와 함께 일하는 것
4) 다양하고 자주 경험할 수 있는 복리후생, 근무에 집중할 수 있는 근무환경에서 일하는 것
5) 일하면서 자신의 업무 역량과 스킬이 성장하고 있으며, 자신 있게 말할 수 있는 성과가 있는 것

7. 읽고 생각해보기

우리 회사는 인사 체계(HR)가 없어요.

대표님들과 미팅에서 자주 듣는 말입니다. 인사 체계가 없다는 것은 무엇일까요? 다음과 같이 나눠 볼 수 있습니다.

정말 없다.

말 그대로입니다. 정말 '아무것도' 없습니다. 직원과 근로계약을 맺고 일을 하고 있는 정도의 수준입니다. 직원은 정규직과 비정규직으로 구분할 수는 있지만, 물어보기 전에는 구분해 본 적이 없습니다. 직급과 직책은 별다른 기준 없이 주었습니다. 누구는 사원이고 누구는 과장이고, 직원마다 왜 그런지 설명해야 하며 직원마다 이유가 다릅니다. 팀원이 한 명도 없어도 누구는 본부장이고 팀원이 많아도 누구는 팀장이고 누구는 실장이고 어쩌다 보니 이렇습니다. 일은 할 수 있는 일에 추가로 하면 좋겠다 싶은 일을 주었습니다. 그러다 보니 같은 분야의 일을 두 사람이 하기도 하고 한 명이 여러 분야의 일을 하기도 합니다.

개념만 있다.

직원은 정규직과 비정규직으로 구분되어 있습니다. 직급도 사원-주임-대리-과장-차장-부장으로 나눠져 있고 직급을 주는 기준이 정해져 있습니다. 직책도 파트장-팀장-실장 등으로 나누어져 있습니다. R&R도 어느 정도 나누어져 있습니다. 여기까지 입니다. 현실은 '정말 없다'와 동일합니다. 개념만 존재할 뿐이죠. 현실은 기준과 많이 다릅니다.

개념은 있으나, 채용/평가 등 구체적인 제도가 없다.

직원 채용도 하고 직원 평가를 해서 연봉도 올려주고 인센티브도 지급하지만, 그 기준과 프로세스는 대표님의 머릿속에만 존재합니다. 머릿속에만 존재하지 않더라도 엉성하기 그지없습니다. 직원 들은 '왜 그런지, 어떻게 그렇게 되는지' 기준과 이유를 알 수 없습니다. 그저 추측할 뿐입니다.

구체적인 제도가 있으나 어딘가에서 카피해 온 수준이다.

제도는 있으나 제도의 목적, 기준, 프로세스, 양식 등이 우리 회사에 적합한지 모릅니다. 그냥 다른 회사에서 하는 데로 할 뿐 입니다. 직원들은 왜 이런 것을 해야 하는지, 이렇게 하는 게 맞는지 의문이 많거나 아예 관심이 없습니다. 제도가 직원들에게 아무런 설득력이 없습니다.

어느 날 찾아온 인사 체계(HR)의 필요성

 많은 대표님들은 혼자 또는 가족, 지인과 회사를 운영하는 것으로 회사를 시작합니다. 직원이 10명 이하일 때는 그나마 대표님 혼자 운영 할만 하지만, 직원이 늘어날수록 힘에 부칩니다. 그러다 어느 날 한 계에 부딪힙니다. 처음 만난 한계는 예전처럼 노력하고 학습하고 열정으로 극복했지만, 다시 똑같은 한계가 찾아옵니다. 어쩌면 처음 만났던 한계는 극복한 것이 아니라 지나간 것이라는 생각이 듭니다. 더 이상 이렇게 회사를 운영하면 안 되겠다고 깨닫습니다.

제**2**장 업무분장에서 인수인계까지

'업무분장에서 인수인계까지?' 하나로 묶다니 이상해 보일 수 있습니다. 빠르게 그리고 이해하기 쉽게 작성하는 업무분장, 직무분석, 인수인계. 맥락을 이해하면 하나로 묶은 이유를 알 수 있습니다. 직원은 '성과'를 만들려고 존재하는 사람입니다. 업무분장, 직무분석, 인수인계 작성은 성과가 아닙니다. 여기에 시간을 쓰면 안 됩니다.

1. 개념 잡기

직원 1명이 하루에 집중해서 근무하는 시간

앞서 머리글에서 뽀모도로 기법으로 하루(일 8시간 근무)에 집중해서 근무할 수 있는 시간(일 6시간 40분)을 계산하였습니다. 매일 이렇게 근무하는 것은 이상적인 근로자라고 생각합니다.

뽀모도로 기법(Pomodoro Technique)

8시간 X 60분 → 480분 ÷ 30분 = 16번 뽀모도로 기법 가능

→ 16번 X 5분 = 80분 → 1시간 20분 = 쉬는 시간

8시간 - 1시간 20분 = 6시간 40분 = 집중해서 근무하는 시간

인쿠르트에서 직장인 2,036명을 대상으로 설문한 결과 '집중력'이 지속되는 시간은 평균 2시간 30분으로 집계되었습니다. 집중력 지속 시간은 성별, 연령, 직무와 관계없이 비슷했다고 합니다. 역시 뽀모

도로 기법을 현실에 적용하는 것은 무리입니다.

　완전히 집중하지 않는 시간에 직원은 무슨 일을 할까요? 저는 다음과 같은 일(= '그냥 일', 그냥 하는 일)을 합니다.

1) 회사 이메일을 확인하고 '즉시/나중에' 할 일을 구분한다.

　　1-1) '즉시' 할 일을 바로 처리한다.

　　1-2) '나중에' 할 일은 안 읽음으로 메일 상태를 바꿔 둔다.

2) 놓친 일이 없는지 확인하고 '즉시/나중에' 할 일을 구분한다.

　　2-1) '즉시' 할 일은 바로 처리한다.

　　2-2) '나중에' 할 일을 메일로 작성하여 나에게 보낸다.

3) 부서장 등에게 보고했던 내용에 대해 피드백/의견을 물어본다.

　　3-1) 부서장의 피드백/의견에 따라 후속 업무를 처리한다.

4) 메신저로 주변 동료들에게 인사하고

　　4-1) 업무 관련 진행 중인 내용 등 궁금한 사항을 물어본다.

　　4-2) 해야 할 일 등에 관련 정보를 업데이트한다.

5) 오늘 개인적인 일정 중에 챙겨야 할 것을 확인한다.

　　5-1) 실제 착수해야 할 시간에 스마트폰 알람을 걸어둔다.

　　5-2) 회사 업무 중 처리할 수 있는 것은 처리한다.

　'그냥 일'이 모두 마무리 되면, '나중에'로 구분한 그냥 일 중 하고 싶은 일을 처리합니다. 이것도 하기 싫으면 집중해서 해야 할 일의 정보를 찾아보거나 해야할 업무 중 고민하고 싶은 일의 '왜? 또는 무엇을? 또는 어떻게?'를 고민합니다. 고민하는 시간은 저에게 아주 중요한 시간입니다.

하루에 집중하는 시간을 'DeepWork' 앱으로 한 달간 스스로 관찰한 결과 일 평균 3시간이었으며, '그냥 일'을 하는 시간은 정확하지 않으나 일 평균 1~3시간 정도였습니다. 하루에 4~6시간을 일하고 남는 시간에 저는 무엇을 할까요? 제가 속한 회사의 대표님은 싫어 하겠지만 지금 이 책을 쓰고 있습니다. 이 시간은 제가 업무 시간 외에 집중하는 시간입니다. 하루 평균 1시간을 집중 해서 책을 쓰고 있습니다. 책 쓰는 시간까지 제외하고 근무시간 8시간 중 남은 1~3시간은 무엇을 했는지 기억 없습니다. 앞서 말한 고민 하는 시간을 갖거나 동료들과 커피 마시거나 메신저로 놀았을 거라 생각합니다. 저는 한 달에 3~9일은 하루 종일(8시간 이상) 집중합니다. 이런 날은 그 동안 고민한 것을 정리하는 시간입니다. 이 시간에 고민한 내용을 기획안 또는 보고서로 작성합니다. 이 책을 읽는 분은 어떤가요? 읽는 분마다 다를 거라 생각합니다.

집중하는 시간은 인쿠르트 조사 결과를 적용하여 일 2시간 30분, 그냥 하는 일은 저의 사례를 적용하여 일 1~3시간이라 하겠습니다. 그럼 직장인이 일하는 시간은 일 3시간 30분에서 5시간 30분이 됩니다. 중간 값으로 4시간 30분을 일하는 시간이라고 정의하겠습니다. 앞서 뽀모도로 기법을 적용한 6시간 40분보다 현실적으로 보입니다.

같은 4시간 30분이라도 집중력, 역량, 성향 등에 따라 할 수 있는 일의 양과 결과는 달라집니다. 같은 집중력, 역량, 성향을 가진 사람도 그날의 컨디션에 따라 4시간 30분의 생산성은 달라집니다.

value chain과 프로세스

value chain을 간략히 요약하면 다음과 같습니다.

[기업활동에서 부가가치가 생성되는 과정을 의미한다. 부가가치 창출에 직접 또는 간접적으로 관련된 일련의 활동·기능·프로세스 의 연계를 의미한다.] (출처 : 두산백과)

value chain을 디자이너들은 어떻게 이해하고 있을까요? 아래는 픽토그램 사이트(thenounproject.com)에서 value chain을 검색한 결과입니다. value chain의 핵심인 프로세스(활동, activities)와 결과(성과, value)를 이해하기 쉽게 표현하고 있습니다.

*픽토그램(pictogram) : 어떤 사람이 보더라도 같은 의미로 통할 수 있는 그림으로 된 언어체계

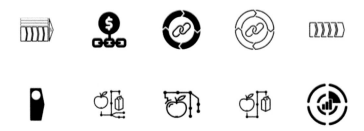

회사에서 매출을 일으키기 위해 판매하는 제품·서비스는 무엇이든 '생산 ➡ 운송 ➡ 마케팅 ➡ 판매 ➡ 매출'과 같은 프로세스를 가지고 있습니다. 회사에 따라 다를 수는 있지만 기본 개념은 동일합니다. 정의해 본 경험이 없다면, 제품/서비스를 납품/제공해서 매출을 만들기까지 어떤 순서로 일을 진행하는지 생각해 보세요.

다음은 채용 업무를 우수인재(제품/서비스)를 입사(납품/제공)하게 만들고 입사자가 성과(매출)를 만들기까지 작성한 채용 프로세스 입니다.

채용 프로세스

채용 기획 ➡ 필요 인력 정의(몇 명, JD) ➡ 채용 채널 조사 및 선택 ➡ 공고 작성 및 게재 ➡ 채용 홍보 ➡ 지원서 접수 및 검토 ➡ 면접 안내 ➡ 면접 진행 ➡ 면접 합격 및 불합격 안내 ➡ 처우 및 입사일 협의 ➡ 입사 안내 ➡ 입사일 행정처리(서류 작성 등) ➡ 온보딩 프로그램 기획/운영 ➡ 입사자의 우수한 성과(기획/분석)

같은 업무도 회사 규모에 따라 업무 분장의 범위와 양, 질이 달라집니다. 앞서 작성한 채용 업무 프로세스의 경우, 대기업은 몇 개의 팀(수십 명)이 나눠서 수행하지만 중소기업은 직원 1명이 하는 업무 중 일부에 불과할 수 있습니다. 채용 업무를 예로 이야기하고 있지만 모든 업무가 동일합니다.

업무분장, 인수인계서, 직무기술서

프로세스를 1명(특정 누군가)이 할 수 있는 양으로 나누어 놓은 것은 업무분장이고 인수인계서는 업무 분장의 어떤 일을 어디까지 진행했고, 앞으로 해야 할 일은 무엇이다를 작성한 것 입니다. 업무분장과 인수인계서는 '누구'를 기준으로 내용을 작성하지만 직무기술서는 '어떤 일을 기준으로 일의 세부 프로세스와 그 결과, 일을 수행하기 위한 자격 요건 등을 작성합니다. 참고로 일의 결과를 검토하여 누가 더 많이 기여하거나 우수했는지 정하는 것이 인사평가 입니다.

2. 간편하게 하는 업무분장

직원 1명이 해야 할 업무의 양 정하기

앞서 value chain의 핵심을 프로세스와 결과로 이야기했습니다. 결과는 단순한 일의 결과가 아닌, 가치 있는 결과입니다. 채용으로 보면 채용 과정에서 우수한 인재를 채용했는지 알 수 없습니다. 그래서 채용 프로세스가 모두 종료되고 입사해서 업무 성과가 나타나야 '우수한 인재를 채용했다'고 판단할 수 있습니다.

회사의 규모와 업무 복잡성과 양에 따라 채용 업무는 한 사람 혹은 여러 사람이 담당할 수 있습니다. 물론 채용의 유형(신입, 경력직 등)으로 담당자를 나누기도 합니다. 채용 담당자를 기준으로 업무 투입 시간을 계산하면 다음과 같습니다.

1명이 하루에 4시간 30분(270분)만큼 집중 근무한다는 가정으로, 일주일에 1,350분(270분 X 5일), 1개월에 5,400분(1,350분 X 4주)을 투입해야 하는 업무량이 나오게 업무를 나눕니다. 다음의 표는 채용 업무를 업무 분장하기 위해 가상의 업무 시간을 작성한 예시 입니다. 투입시간은 투입인력의 역량에 따라 다를 수 있습니다.

업무 내용	투입시간(주)	투입시간(월)
채용 기획	500분	2000분
필요 인력 정의(몇 명, JD)	200분	800분
채용 채널 조사 및 선택	60분	240분
공고 작성 및 게재	60분	240분
채용 홍보	50분	200분
지원서 접수 및 검토	150분	600분
면접 안내	200분	800분
면접 진행	300분	1200분
면접 합격 및 불합격 안내	50분	200분
처우 및 입사일 협의	70분	280분
입사 안내	30분	120분
입사일(서류 작성 등) 행정처리	60분	240분
온보딩 프로그램 기획/운영	200분	800분
입사자의 우수한 성과(기획/분석)	60분	240분

업무 성격, 중요도, 연속성을 감안하여 채용A, 채용B로 담당자를 나
눴습니다.

담당자	업무 내용	투입시간(월)
채용A	채용 기획	2,000분
	필요 인력 정의(몇 명, JD)	800분
	채용 채널 조사 및 선택	240분
	공고 작성 및 게재	240분
	채용 홍보	200분
	지원서 접수 및 검토	600분
	처우 및 입사일 협의	280분
	온보딩 프로그램 기획/운영	800분
	입사자의 우수한 성과(기획/분석)	240분
	합계	5,400분
채용B	면접 안내	800분
	면접 진행	1,200분
	면접 합격 및 불합격 안내	200분
	처우 및 입사일 협의	200분
	입사 안내	80분
	입사일 행정처리(서류 작성 등)	120분
	합계	2,600분

업무를 나누고 보니 채용B 담당자는 여유시간이 꽤 있습니다. 인사
팀의 업무 중 다른 업무를 하거나, 채용B를 계약직으로 채용하는 것

도 좋을 듯 합니다. 참고로 투입시간은 개인의 역량이 반영된 것은 아니라서 채용B의 2400분은 경력 4년차 이하에게는 2,400분이 아니라 5,400분의 일이 될 수도 있습니다.

Question.

8시간에 해당하는 급여를 주는데, 4시간 30분만큼만 일 시키려니 불합리하다고 느껴집니다.

Answer.

당연히 불합리합니다. 하지만 직원은 사람이고 대표님이 기계와 일하지 않는다는 것을 생각해야 한다는 것을 잊지 마세요. 매일 같이 사람이 8시간을 맞춰서 일을 하는 것은 불가능합니다. 또한 4시간 30분을 제외하고 남은 3시간 30분에 기타 잡일과 미팅하는 시간, 커뮤니케이션하는 시간, 교육 받는 시간 등이 모두 포함되어 있다는 것을 아셔야 합니다.

Question.

위 표처럼 작성하기에 잡무가 너무 많은데, 그래도 다 작성해 봐야 할까요?

Answer.

작성하세요. 어떤 직무이든 저렇게 작성하는 게 업무분장(R&R),

효율적인 업무, 체계적인 업무 수행의 기본이 됩니다. 기본이 안 되어 있다면, 직원들 입에서 '우리 회사는 대표님 마음대로 한다, 주먹구구 식이다'라는 말이 나오기 시작합니다.

Question.

직원이 적어서 직원에게 멀티플레이를 요구할 수밖에 없는 경우 어떻게 하나요?

Answer.

작은 회사는 대표님 입장에서 멀티플레이는 당연합니다. 하지만, 직원 입장에서는 '월급은 적게 주면서 오만 잡일을 다 시키는 것'으로 보일 뿐입니다. 멀티플레이 자체가 나쁘지는 않습니다. 다양한 것들을 할 수 있게 되고, 일 간의 작동원리를 파악하여 전체를 볼 수 있는 안목을 갖게 만들어 주거든요. 문제는 멀티플레이 자체가 아니라 마구잡이로 일을 시키면서 '작은 회사라서 멀티플레이는 필수'라고 착각하는 것에 있습니다. 마구잡이가 되지 않으려면 직원에게 일을 시키기 전에 직원이 일을 통해 배울 수 있는 것을 생각하고 각 일의 의미와 일을 모두 합했을 때의 종합적인 의미를 설명해야 합니다. 회사가 작을 수록 '일의 의미'를 설명하는 액션은 꼭 해야만 하는 중요한 것입니다. 직원에게 일을 믿고 맡기고 싶거나 책임감을 갖게 하고 싶다면 더욱 중요합니다.

작은 회사의 멀티플레이는 업무 간 관련성이 있는 일들을 묶어서 하는 것을 추천합니다. 관련성이 있는 일을 묶으면 하나의 목적성을 갖기 쉽습니다. '묶은 일의 목적'은 회사와 직원 모두에게 좋은 것이면 가장 좋지만, 모두 충족되지 않는다면 직원 입장에서 묶은 일을 담당할 때 '무엇이 좋은지'를 우선해야 일을 통해 직원이 성장할 수 있고 직원에게 일 자체로 동기부여가 가능합니다.

멀티플레이로 묶을 업무	묶은 일의 목적 (= 직원 입장에서 일의 의미)
기획+마케팅/영업+매출관리	시장 전체를 보는 안목을 기른다.
개발+시장테스트+보완	개발 제품의 전주기를 관리한다.
경영지원+매출관리	회사 운영을 할 수 있다.
마케팅/영업+고객관리	시장, 고객을 알 수 있다.

작은 회사에서 멀티플레이는 각 단위업무의 허드렛일을 모아서 직급이 낮은 직원(홍길동)에게 시키는 형태도 있습니다. 이 경우 홍길동님은 회사에서 일 다운 일을 주지 않는다는 생각에 자존감이 낮아지기 쉽습니다. 이런 시간이 길어지면 홍길동님의 퇴사로 이어지거나 영혼 없이 회사를 다닐 가능성이 높아집니다. 회사 상황상 어쩔

수 없는 부분이 있다면, 홍길동님에게 최소 2주에 한 번은 긍정적인 메시지('홍길동님이 있어서 회사가 돌아가고 있어요. 정말 고마워요. 앞으로도 잘 부탁해요. 배우고 싶거나 주도적으로 하고 싶은 업무가 있으면 언제든 알려주세요. 점진적으로 업무를 조정하도록 할게요.') 와 카톡 이모티콘, 커피 쿠폰, 배민 쿠폰 중에 하나 정도는 선물로 주세요. 아무 일이나 막 시키는 대표에서 센스 있는 대표님이 될 수 있습니다. 만약 홍길동님에게 허드렛일 이상을 줄만 한 역량이 없더라도 긍정적인 메시지는 필요합니다.

앞서 작성한 채용A, B 담당자로 나눈 채용 업무의 일의 목적(의미)을 다음과 같이 정의할 수 있습니다.

담당자	묶은 업무명	묶은 일의 목적
채용A	채용 기획/운영	우수 인재 확보 전반을 기획하고 운영하며, 이를 통해 회사 성장에 기여한다.
채용B	채용 운영/행정	채용 프로세스를 이해하고 운영할 수 있는 역량을 기르며, 이를 통해 우수 인재 확보에 기여한다.

Question.

일의 목적은 언제 직원에게 설명하나요?

Answer.

일의 목적은 업무분장 '어떻게 하겠다'는 것이 머릿속에 그려진 시점에 직원에게 설명하는 게 가장 좋습니다. 업무분장을 직원과 논의하는 과정에서 머릿속에 떠올랐다면 업무분장 중에 직원에게 설명하는 것도 좋습니다. 설명하는 시점이 너무 이르거나 늦으면, '답정너'가 되니 최소한 머릿속에 떠오른 후, 24시간 이내 설명하는 것을 추천합니다.

3. 업무분장과 직무기술서, 인수인계서

업무분장서

앞서 작성한 채용 업무 외에 팀에서 수행하는 다른 업무를 모아서 정리하면 흔히 볼 수 있는 업무 분장이 됩니다.

담당자	담당 업무
홍길동	채용 기획/운영 채용 관련 수명업무 …
김영수	채용 운영/행정 기타 인사행정 …
…	

이렇게만 작성하면 앞에서 강조한 업무 목적이 없습니다. 목적이 없으면 일의 의미가 급여 말고는 없어 보이기까지 합니다. 관리를 위해 위 내용처럼 작성하고 공유하는 것도 필요하지만, 추가로 다음의

형태로 개인별로 업무 분장 사항을 작성하는 것을 강력하게 추천합니다. 이미 거의 다 작성되어 있으니 업무별로 세부내용만 작성하면 됩니다.

묶은 업무명
업무 목적
업무 내용

➡

담당자	인사팀 홍길동
업무명	채용 기획/운영
업무 목적	우수 인재 확보 전반을 기획/운영하며, 이를 통해 회사 성장에 기여 한다.

업무 구분	세부 내용
채용 기획	
필요 인력 정의	
채용 채널 관리	
…	

직무기술서

세부 내용은 '이 일이 무엇이다'를 동료 중에 누구라도 알 수 있도록 쉽고 간략하게 작성합니다. 세부 내용까지 작성한 것을 '업무 분장서'라 하겠습니다. 흔히 말하는 직무기술서와 개념적으로 다른 면이 있지만, 저는 업무분장서가 현실적인 직무기술서라고 생각합니다. 만약 직무기술서를 작성하고 싶다면 업무분장서에서 담당자를 빼고, 업무담당자라면 갖추어야 하는 요건만 추가하면 충분합니다.

담당?	인사팀 동
업무명	채용 기획/운영
업무 목적	우수 인재 확보 전반을 기획/운영하며, 이를 통해 회사 성장에 기여 한다.

업무 구분	세부 내용
채용 기획	
필요 인력 정의	
채용 채널 관리	
...	

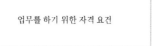

업무를 하기 위한 자격 요건

업무명	채용 기획/운영
업무 목적	우수 인재 확보 전반을 기획/운영하며, 이를 통해 회사 성장에 기여 한다.

업무 구분	세부 내용
채용 기획	
필요 인력 정의	
채용 채널 관리	
...	

자격 요건	학력	
	자격증/어학	
	필요 스킬/지식	
	필요 역량	
	필요 교육사항	

4. 직무기술서로 인수인계서 만들기

언제 만들지

인수인계서는 직원이 자리를 장기 휴가, 부서 이동, 휴직, 퇴사 등으로 비울 경우에도 업무가 문제없이 진행되도록 하기 위해 필요한 문서입니다. 대게는 '퇴사'의 경우에만 작성하지만 퇴사 외에도 중장기간 자리를 비울 경우에도 업무 공백을 최소화하기 위해 작성할 필요가 있습니다. 공백이 2주 이상 사전에 예상된 경우는 대면해서 인수인계가 가능하지만, 현실에서는 공백이 급작스럽거나 인수인계 기간이 없는 경우가 비일비재하므로 주기적으로 인수인계서, 실제로 업무 설명서를 작성하는 것이 좋습니다.

인수인계서는 업무매뉴얼과는 다릅니다. 업무매뉴얼은 '일을 어떻게 한다'에 초점이 있다면, 인수인계서는 '일의 목적, 한 일, 할 일이 무엇인지'가 초점입니다. 물론 인수인계서에 일을 어떻게 한다도 포함합니다.

인수인계서를 작성할 사유도 없는데, 작성하라고 하면 직원들이 이상하게 생각하기 쉽습니다. 그래서 인수인계서는 업무분장서의 일부분이 되어야 합니다. 주기적으로 업무분장서를 업데이트하면서 인수인계서도 업데이트하는 개념이 되어야 해요.

어떻게 만들지, 업무분장서는 어떻게 활용하지

인수인계서는 인수자는 없을 수 있지만, 인계자는 있다는 것을 전제로 합니다. 인계자는 업무담당자가 됩니다. 앞의 업무분장서에 다음과 같이 분기별 진행 내용을 추가해서 작성합니다.

담당자	인사팀 홍길동
업무명	채용 기획/운영
업무 목적	우수 인재 확보 전반을 기획/운영하며, 이를 통해 회사 성장에 기여 한다.

업무 구분	세부 내용
채용 기획	
필요 인력 정의	
채용 채널 관리	
...	

→

담당자	인사팀 홍길동
업무명	채용 기획/운영
업무 목적	우수 인재 확보 전반을 기획/운영하며, 이를 통해 회사 성장에 기여 한다.

업무 구분	세부 내용
채용 기획	
필요 인력 정의	
채용 채널 관리	
...	

2022년 1분기 진행사항

업무 구분	진행 내용
채용 기획	
필요 인력 정의	
채용 채널 관리	
...	

진행 내용은 간략하게 작성하기보다는 누가 보더라도 이해하기 쉽게 작성하는 것을 목표로 합니다. 작성 형식은 '1분기에 채용기획 업

무에 있어서 무엇을 어떻게 했으며 결과는 어떻다'를 기본으로 합니다. 1분기에 진행한 내용이 없는 경우, '진행사항 없음'이라고 작성합니다. 진행 내용 작성란을 비워 놓지 않습니다. 1분기에 진행 사항이 있으나 결과가 도출되지 않은 경우, '결과는 어떻다'는 빼고 작성합니다. 1분기에 업무수행을 위해 자료 조사 등만 진행한 경우, 비워두지 말고 '관련 자료 조사'라고 작성합니다.

이렇게 작성한 업무분장서, 직무기술서, 인수인계서는 이후 업무 조정, 신규인력 채용 결정, 인사평가, 교육, 채용 JD 작성, 업무 인수인계 자료로 활용 가능합니다.

이거 KPI 아냐?

네, KPI와 거의 같죠. 여기에 업무구분별 목표 및 측정지표만 추가하면 KPI입니다. 업무분장서, 인수인계서, 직무기술서, KPI까지 한 번에 끝낼 수 있습니다. 이렇게 안 할 이유가 없습니다. 더 확장하면 OKR까지 포함됩니다. 제도를 하나씩 떼어서 보지 말고 하나의 흐름으로 보기를 바랍니다.

제**3**장 허수를 줄이는 채용 공고 작성

1. 사고 싶은 물건

2. 채용 제목 작성

3. 채용 공고문(=본문) 작성

4. 채용JD 달라고 할 때 줄 내용

5. 마무리

1. 사고 싶은 물건

쇼핑과 구직활동

채용 공고는 '채용 공고명, 공고 본문, 입사지원서'로 구성됩니다. 온라인에서 판매되는 상품에 비유하면 채용 공고명은 상세페이지를 보기 전에 처음 보이는 상품명을 포함한 정보에 해당하며, 공고 본문은 상품의 세부 정보가 보이는 상세 페이지의 정보에 해당합니다. 입사지원서는 상품을 구매하기 위해 소비자가 작성(입력)하는 상품 옵션, 배송 정보 등을 포함한 양식에 해당합니다.

실제 잡포털에서 '채용 공고명 ➡ 공고 본문 ➡ 입사 지원' 형식으로 채용 정보를 전달합니다. 저는 이 방식을 파괴하는 회사가 있다면 현재 잡포털 시장을 혁신할 것이라 생각합니다. 하지만 깨기가 쉽지 않아요. 온라인 시장에 확고하게 자리 잡은 정보 전달 형식을 갖기 때문이죠. 우리는 수많은 온라인 상품의 세부내용 (=상세 페이지)을 다 확인하지 않습니다. 상품명과 썸네일 이미지를 보고 눈에 띄는 것만 상품의 세부 내용까지 확인하고 마음에 들면 구매하기 위한 액션으로 들어갑니다. 채용 공고도 마찬가지입니다. 회사명과 채용 공고명을 눈으로 훑으며 스크롤을 위아래로 움직여 마음에 드는 게 있으면 클릭해서 공고 본문을 확인하고 입사지원 여부를 결정합니다.

구매 싶은 것과 지원하고 싶은 것

우리는 어떨 때 구매 싶은 마음이 들까요? 좀 더 정확하게 말하려면 중간에 추가되어야 할 말이 있습니다. '우리는 <u>인터넷 쇼핑을 하면서</u> 어떨 때 구매하고 싶은 마음이 들까요?' 인터넷 상의 쇼핑 상품과 채용 공고는 그 자체로 하나의 콘텐츠에 해당합니다. 넘쳐나는 수많은 콘텐츠 중에서 선택 받는 콘텐츠가 되려면 이해하기 쉬워야 하며, 좋든 나쁘든 의미를 가지고 있어야 합니다.

이해하기 쉬우려면 이미지, 텍스트가 머릿속에서 한 번에 이해할 수 있어야 합니다. 한 번에 이해하려면 최소한의 정보와 선택지만 주어야 합니다. 최소한 정보와 선택지란 '핵심'에 해당합니다.

다음의 쇼핑몰 이미지를 보면 이쁜 키즈 모델이 실내복을 있는 것을 볼 수 있습니다. 잠도 자고 있고 오누이 모델도 있고 꽃을 바라 보는 모델도 있어요. 아이들이 참 귀엽네요. 그리고 가격은 상품마다 다르네요. 보는 사람은 남자아이, 여자아이, 오누이, 가격대 등 생각해야 할게 많습니다.

아래 쇼핑몰을 보면 실내복 상하의 디자인만 다릅니다. 가격이 동일하고 심지어 상하의를 놔둔 위치와 모양까지 동일합니다. 보는 사람은 디자인 하나만 선택하면 됩니다. 구매자는 상품 디자인에만 집중하면 되니 쇼핑이 편합니다.

잡포털에서 가장 먼저 사용자를 맞이하는 화면은 채용 공고입니다. 채용 공고는 회사 로고와 채용 공고명으로 구성됩니다. 가능하다면 회사 로고도 채용에 맞춰서 눈길을 끌 수 있게 변경하는 것을 추천합니다.

회사 로고를 바꾸지 않는다는 것을 전제로 할 때, 위 내용에서 우리가 변화를 줄 수 있는 것은 채용 공고명입니다. 물론 이어지는 글에서 채용 공고문에도 변화를 줄 것입니다.

아래 이미지는 잡포털 사람인에서 가장 비싼 '플래티넘' 상품을 사용한 공고로 1주 540만원(22년 4월) 입니다. 부담스럽죠.

플래티넘 공고는 잡포털에 접속하면 바로 보이기 때문에 '검색'을 하지 않아도 채용 공고를 볼 수 있습니다. 이미지에서 볼 수 있듯 큼직하고 깔끔하게 디자인되어 있어서 보기에도 편합니다. 하지만 관심 있는 포지션만 보고 싶은 구직자의 입장은 배제된 형태입니다. 요즘처럼 인터넷 사용이 너무나도 익숙한 환경에서 '검색'이라는 액션은 숨 쉬듯 당연하고 익숙하다는 것을 전제로 하면 잡포털에 접속하는 구직자는 관심 있는 포지션을 검색해서 선택적으로 확인할 것이라는 판단을 할 수 있습니다. 결론은 채용 공고를 광고하는데 많은 돈을 쓸 필요 없다는 것입니다. 그럼 어느 정도의 돈을 써야 할까요? 잡포털의 검색창에 포지션을 입력하고 검색했을 때 검색 결과 페이지의 1~2페이지에 나올 정도의 돈만 쓰면 됩니다. 해당 상품은 잡포털마다 다른 이름으로 판매되지만 상품의 특성은 공고를 검색 결과의 첫 번째 페이지에 조회되게 만드는 상품입니다. 이 효과는 돈을 쓰지 않고도 볼 수 있습니다. 공고를 하루에 한두 번씩 수정하면 됩니다. 그냥 단순하게 스페이스바 하나 넣었다가 지우고 공고를 저장만 하세요. 그렇게 해도 공고 수정일이 업데이트되어 공고 검색 결과의 첫 페이지에 조회됩니다.

2. 채용 공고명 (= 공고 제목)

사고 싶은 물건, 서비스

우리가 물건을 사거나 서비스를 돈 주고 이용할 때, 어떤 물건 또는 서비스를 구매하나요? 당연히 '갖고 싶거나 필요하거나 누군가에게 주고 싶은' 것입니다. 충동구매는 '갖고 싶은'에 해당합니다. 사고 싶다는 마음을 갖게 만들려면, '상품, 서비스'를 보는 사람의 '마음'을 흔들어야죠. 저는 마케팅 이론을 모릅니다. 하지만, 이게 마케팅의 기본이라고 생각합니다.

상품, 서비스를 인지하게 만들고 추천하거나 구매하게 만드는 것이 마케팅입니다. 누군가 이런 행동을 하게 만들려면 그 사람의 마음을 움직여야 합니다. 마음이 움직이려면 그만큼 가치 또는 의미가 있어야 합니다. 가치 또는 의미가 증명되지 않았다면 있어 보여야 하죠.

이 글을 보는 분의 회사는 이름만으로 입사지원을 할 정도인지 저는 모릅니다. 하지만 어떤 회사든 입사 지원하게 만들려면 공고를 보는 사람의 마음을 움직이는 '가치, 의미'를 주는 것은 필수입니다.

유명한 회사, 돈이 많은 회사가 아니라면 채용 공고 제목에 집중해야 합니다. 조금은 광고 카피처럼 작성해야만 합니다. 어떻게 작성하는지는 뒤에서 보기로 하고, 주로 많이 사용하는 줄광고를 보겠습니다. 실제 검색 결과는 엄청 많지만 4개만 캡처했습니다.

대부분의 회사는 위 이미지처럼 공고 제목을 짓습니다. 어떤 부분을 개선하면 앞서 이야기한 '의미, 가치'를 줄 수 있을까요? 혹시 개선점이 보이나요? 개선점이 안 보인다면, 다음의 두 가지를 생각해 보기를 추천합니다.

1) 90% 이상의 채용 공고 제목은 이미지처럼 짓는다.
2) 많은 채용 공고 중에 우리 회사의 공고를 볼 이유가 있을까?

보고 싶은 채용 공고

앞의 공고 중 어느 공고를 보고 싶나요? 보는 사람의 경험에 따라 다르겠지만, 저는 첫 번째로 '마켓컬리'의 공고가 눈에 들어옵니다. 저에게 '마켓컬리'라는 회사명이 친숙하기 때문이죠. 두 번째는 세틀뱅크의 공고입니다. 제가 인사(HR) 경력이 많기 때문입니다.

채용 공고를 보고 싶다는 것은 온라인 잡포털에서 채용 공고 제목을 클릭하는 행동과 동일합니다. 클릭을 한다는 것은 채용 공고에 관심과 지원 의사가 있음을 나타내는 행동입니다. 그럼 어떤 공고를 클릭할까요? 당연히 내 (구직자의) 입장에서 지원할만한 공고입니다. 지원할만하다는 것은 '내 경력 또는 스펙으로 합격할 수 있겠다 그리고 다닐 만하겠다 또는 다니고 싶다'에 해당합니다.

1) 내 경력 또는 스펙에 적합하다

2) 다닐 만하겠다 또는 다니고 싶다

공고 제목을 한 줄, 20자 이내로 작성하는 것을 감안할 때, 1), 2)를 충족하는 채용 공고 제목을 작성하는 것은 광고 카피를 작성하는 것에 견줄만합니다. 하지만, 현실에서 채용 공고 제목을 이렇게 고민하는 인사담당자는 극히 드뭅니다. 극단적으로 말하면 그냥 별생각 없이 공고 제목을 짓습니다. 저도 그랬죠.

다음 3개의 채용 공고 제목은 잡포털에서 예시로 가져왔습니다. 참고로 '공고 제목이 별로니까 개선해야 한다'에 집중할거라 회사 관련 정보가 노출되지 않도록 했습니다.

예시1) [생산부] 화장품 제조업 현장관리자 모집

예시2) 22년 ㈜OOO 경영지원팀 부문별 채용(경력사원)

예시3) 인사, 총무 경력 사원 채용

공고 제목을 만드는 방법은 생각보다 단순합니다. 그리고 이 내용은 보고서를 만드는 기본적인 방법과도 같습니다.

공고 제목을 만드는 방법

첫 번째, 생각나는 대로 공고 제목을 짓는다.

두 번째, 의미적으로 중복되는 말, 굳이 없어도 되는 말을 제거한다

세 번째, 의미적으로 중복되는 말, 굳이 없어도 되는 말을 줄인다.

네 번째, 채용 포지션을 꾸며주는 말을 넣는다.

　　　왜 채용하는지, 무슨 일을 하는지 작성하는 것과 동일

다섯 번째, 입사해서 일을 할 내 모습이 그려지게 말을 다듬는다.

첫 번째는 예시1,2,3의 내용에 해당합니다.

두 번째를 적용하면 예시1,2,3의 내용은 다음과 같이 됩니다.

　예시1) [생산부] 화장품 제조업 현장관리자 모집

　예시2) 22년 ㈜OOO 경영지원팀 부문별 채용(경력사원)

예시3) 인사, 총무 경력 사원 채용

세 번째를 적용하면 예시1,2,3의 내용은 다음과 같이 됩니다.

예시1) 화장품 제조업 현장관리자 모집

예시2) 경영지원팀 부문별 경력직 채용(경력사원)

예시3) 인사, 총무 경력직 사원 채용

네 번째를 적용하면 예시1,2,3의 내용은 다음과 같이 됩니다.

예시1) 화장품 제조업 현장을 넘치는 센스로 관리할 현장관리자 모집

예시2) 경영지원팀에서 좋은 회사를 만들 부문별 경력직 채용

예시3) 직원들의 희로애락을 함께할 인사, 총무 경력직 채용

다섯 번째를 적용하면 예시1,2,3의 내용은 다음과 같이 됩니다.

예시1) 현장을 넘치는 센스로 관리할 현장관리자 모집

예시2) 함께 좋은 회사를 만들어갈 경영지원 경력직 채용

예시3) 직원의 희로애락을 함께할 인사, 총무 경력직 채용

3. 채용 공고문 (= 본문) 작성

계속 읽고 싶은 공고문

공고 제목은 한 줄이지만 공고문은 회사 소개, 직무소개, 자격요건, 우대사항, 채용 프로세스, 채용 일정 등으로 내용이 많습니다. 또한 공고 제목은 '공고문을 보게 만드는 것'이 목적이지만 공고문은 '입사 지원하게 만드는 것'이 목적입니다. 입사 지원을 유도하려면 아래 조건을 만족해야 합니다.

첫 번째, 회사가 괜찮아 보여야 합니다.
두 번째, 입사지원 가능한지 판단할 수 있어야 합니다.
마지막으로 공고문 자체를 끝까지 읽게 만들어야 합니다.

작은 회사는 큰 회사를 물질적(금전적)으로 이기기 어렵습니다. 하지만 '의미'로 이길 수 있습니다. 큰 회사가 네임밸류와 많은 급여로 밀어붙이는 고용시장에서 작은 회사는 '의미'가 있어야 승산이 있습니다. 채용에서 큰 회사만큼 지원자를 많이 확보하려면 같은 채용 공고도 '스토리 라인' 구상하고 기획해야만 합니다.

먼저 '의미 없는 채용 공고문 = 단순 정보 제공'를 살펴보겠습니다.
실제 대기업의 채용 공고입니다.

모집요강 및 응시자격

구분	부서	지원조건/모집요강	담당업무	근무지	인원
신입	총무부	·4년제대 이상 졸업자/졸업예정자 ·상경/인문/어문/이공 관련 계열 전공자	·자산 관리 ·급여 관리 ·비용 업무, 근태 관리 ·일반 총무 업무	서울	0명
신입	수출영업	·4년제대 이상 졸업자/졸업예정자 ·상경/인문/어문/이공 관련 계열 전공자 ·스페인어 능통자	·해외 거래처 발굴 및 판매 촉진 ·해외시장 조사 및 판매전략 수립 ·해외 대리점 유대 강화 및 관리	서울	0명
		·4년제 대학 졸업/졸업예정자			

전형절차

서류전형 → 면접전형 → 신체검사 → 최종합격

1) 서류전형(합격자에 한해 홈페이지 게재 및 개별통보)
2) 면접전형(서류전형 합격자에 한함)
  • 필요에 따라 2~5회 실시
3) 신체검사(면접전형 합격자에 한함)

접수기간 및 방법

• 접수기간 : 2022년 7월 10일 23:59까지
• 접수방법 : 홈페이지 지원 (http://   )

문의처

•   이메일 주소

기타사항

• 전형 절차와 일정등은 회사 사정에 따라 변경될 수 있습니다.
• 지원서 내용 중 허위기재사항이 발견 시 불합격 처리됩니다.
• 채용마감일에는 지원자가 많아 홈페이지 접속이 원활하지 않을 수 있으므로 마감 2~3일전 지원을 권장합니다.

위 공고문에 단순 채용 정보 제공 이상을 찾아볼 수 없습니다. 의미 또는 스토리를 담으면 금상첨화겠지만, 그렇지 않아도 지원자가 없거나 부족한 리스크는 없을 것으로 예상됩니다.

다음은 평범한 중소기업의 '의미 없는 채용 공고문' 공고문 입니다. 디자인 작업도 되어 있지 않습니다.

22년 (회사명) 경영지원팀 부문별 채용 (경력사원)

모집부문 및 상세내용

공통 자격요건
· 학력 : 대졸 이상 (4년)

경영지원 부문별 채용 (인사/총무/재무회계/홍보IR)   경영지원팀 0명

1. 인사 담당 (서울 근무)

지원자격
· 경력 : 경력 3년 이상

담당업무
· 인사정보, 발령, 조직도 관리
· 인건비, 예산 관리
· 평가보상관리 (평가, 급여, 보험 등)
· 규정 및 운영 (인사제도 재개정)

우대사항
· 영어 능통자
· 상경계열 전공

근무조건
· 근무형태 : 정규직(수습기간)-3개월
· 근무일시 : 09:00~18:00
· 근무지역 : (06180)   회사 위치

전형절차

Step1	Step2	Step3	Step4
서류전형	1차면접	2차면접	최종합격

접수기간 및 방법
· 접수기간 : **2022년 3월 11일 (금) 08시 ~ 2022년 4월 29일 (금) 24시**
· 접수방법 : 사람인 입사지원
· 이력서양식 : 자유양식

유의사항
· 입사지원 서류에 허위사실이 발견될 경우, 채용확정 이후라도 채용이 취소될 수 있습니다.

회사 네임 밸류도 없는데, 단순 정보 제공 형태의 공고입니다. 더군다나 디자인도 안 되어 있습니다. 조금 더 신경 쓰면 좋을 텐데 지원자가 부족하거나 있어도 뽑을만한 사람이 없다고 생각할 거라 예상됩니다. 신경 쓸 여력이 없다고 생각하시나요? 그렇지 않습니다. 하루에 커피 한잔 마실 시간 몇 번과 열정만 있다면 됩니다.

눈치 빠르신 분은 아셨겠지만, 이미지의 공고문은 앞서 공고 제목을 바꾼 것 중에 예시 2번인 22년 ㈜OOO 경영지원팀 부문별 채용(경력사원)의 본문에 해당합니다. 이 공고문을 '의미 있는' 공고로 수정하는 과정을 보여드리겠습니다. 참고로 제가 바꾼 공고 제목은 '함께 좋은 회사를 만들어갈 경영지원 경력직 채용'입니다.

앞서 공고 제목을 바꾼 것을 작성합니다.
연도와 회사명은 제외합니다. 이유는 공고 제목에 기재하지 않아도 알 수 있는 정보이기 때문입니다. 불필요한 텍스트에 해당하죠.

함께 좋은 회사를 만들어갈 경영지원 경력직 채용

모집부문 및 상세내용

공통 자격요건

· 학력 : 대졸 이상 (4년)

경영지원 부문별 채용 (인사/총무/재무회계/홍보IR)   경영지원팀 0명

· 어시 터디 내용 그만

붉은색 점선으로 표시한 부분에 회사가 추구하는 것 또는 제목을 설명하는 내용을 넣어 자연스럽게 연결되게 합니다. 제목을 설명하는 내용을 넣는 것으로 결정하고 다음과 같이 작성했습니다.

함께 좋은 회사를 만들어갈 경영지원 경력직 채용

좋은 회사는 내가 다니고 있음을 다른 사람에게 자랑스럽게 말할 수 있는 회사입니다.
1) 좋은 회사에는 계속해서 함께 근무하고 싶은 동료와 상사가 있고
2) 지인과 비교해도 손색없는 급여와 복지를 제공하는
3) 커리어에 도움이 되는 회사라고 생각합니다.
우리는 좋은 회사로 조금씩 다가가고 있지만 살짝 힘이 부족합니다.
그래서 경영지원 부서의 일원으로서 우리와 함께 좋은 회사를 만들 동료를 찾고 있습니다.

모집부문 및 상세내용

공통 자격요건
· 학력 : 대졸 이상 (4년)

경영지원 부문별 채용 (인사/총무/재무회계/홍보IR)   경영지원팀 0명

1. 인사 담당 (서울 근무)
지원자격
· 경력 : 경력 3년 이상

제가 생각하는 좋은 회사가 어떤 회사인지 이해되나요? 되었다면 의미(스토리)가 전달된 것입니다. 그 다음에 어떤 내용이 담겨야 '우리 회사를 좋은 회사로 만들 수 있는 사람을 채용할 수 있을지' 상상해 보세요.

다음의 공고문은 앞의 공고문의 지원자격, 담당업무, 우대사항, 근무요건 등을 해치지 않으면서 제가 생각한 내용을 공고문에 작성한 것 입니다. 없던 내용을 추가한 것은 맨 위의 좋은 회사에 대한 것과 입사하면 누리게 될 보상, 복리후생 등 들입니다. 디자인은 디자이너가 없어도 할 수 있는 수준으로 단순하게 했습니다. 혹시 제가 작성한 내용을 참고하여 공고문을 만든다면 공고문이 작성된 순서를 바꾸지 않는 범위에서 디자인 하는 것이 좋습니다.

작성 기준은 다음과 같습니다.

1) 중복되거나 무의미한 단어는 제거한다.

2) 가능한 친근감을 가질 수 있는 표현을 사용한다.

3) 채용하고 싶은 동료가 어떤 사람이기를 원하는지 생각하며 쓴다.

4) 자신 또는 지인이 지원할 수 있겠다 또는 지원하면 좋겠다는 마음이 들게 한다.

5) 담당업무를 보다 구체적으로 한다.

함께 좋은 회사를 만들어갈 경영지원 경력직 채용

좋은 회사는 내가 다니고 있음을 다른 사람에게 자랑스럽게 말할 수 있는 회사입니다.
1) 좋은 회사에는 계속해서 함께 근무하고 싶은 동료와 상사가 있고
2) 지인과 비교해도 손색없는 급여와 복지를 제공하는
3) 커리어에 도움이 되는 회사라고 생각합니다.
우리는 좋은 회사로 조금씩 다가가고 있지만 살짝 힘이 부족합니다.
그래서 경영지원 부서의 일원으로서 우리와 함께 좋은 회사를 만들 동료를 찾고 있습니다.

찾고 있는 동료

공통 요건 : 대졸 이상

1. 인사 담당 (서울 근무)

지원 자격
 - 인사 업무 경력 3년 이상인 분
 - 논리적이며 오픈 마인드를 가지고 있는 분
 - 담당하게 될 인사 업무를 혼자 운영할 수 있는 분
 - 인사 업무로 좋은 회사를 만드는데 기여할 수 있다고 믿는 분
 - 회사의 기준과 원칙에 대한 이해를 바탕으로 직원과 부드러운 소통이 가능한 분

우대 사항
 - 영어를 능숙하게 사용할 수 있는 분(아니어도 괜찮음)
 - 상경계열인 분(아니어도 업무 수행만 가능하면 괜찮음)
 - 부족한 점은 빠르게 학습하고 업무에 적용하는 분
 - 고민 상담에 능숙한 분

담당업무

담당업무
- 인사정보 업데이트 및 의사결정에 필요한 통계자료 작성 / 보고
- 최적의 인사발령을 위한 경영진 보조 및 관련 행정 처리
- 조직도, 현원 업데이트 관리
- 인건비 등 인사 관련 예산 관리
- 인사평가 기획 및 운영, 사례 조사 등
- 보상 기획(급여 인상, 성과급 산정 등)
- 인사 제반 규정 관리(취업규칙, 인사/근태/복리후생 등 규정)

입사하면 누릴 수 있는 것들

01 계속 함께 하고 싶은 동료들	**02** 커피, 밥 잘 사주는 윗분들	**03** 진지하고 재치 있는 동료들	**04** 눈치 안 보는 연차 사용
05 최소 0000만원 연봉(신입)	**06** 매출 성장 인센티브 (최소 200%)	**07** 4대 보험 & 퇴직금	**...**

근무 조건
- ...

전형 절차
- ...

접수 기간 및 방법
- ...

유의사항
- ...

스토리형 채용 공고가 어떤 것인지 감이 오셨나요? 생각보다 어렵지 않지만 쉽게 막상 만들려고 하면 어렵게 느껴질 것입니다. 우리(직장인)가 평상시에 말하고 생각하는 것들을 채용 공고라는 형식에 맞춰서 작성한 것이라고 생각하면 조금 더 이해하기 쉬울 거라 생각합니다. 이해를 돕기 위해 제가 실제로 스토리형 채용 공고를 작업했던 사례를 첨부합니다. 참고로 '미리캔버스'를 이용하면 어느 정도 무료 디자인이 가능하니 꼭 디자인까지 하세요. 반나절 시간만 쓰면 됩니다.

스토리가 있는 채용 공고 기획 사례

제목 : 친환경 카페 'OOOO' 오픈 크루 모집

친환경 카페 'OOOO'를 오픈하는 이유

우리는 친환경은 '가치가 있음에도 버려지는 것들의 재순환을 통해 가치를 만드는 것'이라는 철학을 가지고 있습니다. 재순환은 생명체가 존재하기 위해 필수적이고 반복적으로 행하는 호흡, 즉 'O'에 해당합니다. 'O'은 우리의 핵심 키워드입니다. 여기에 창조적이고 생산적인 장소의 뜻을 가지는 'OOO'를 더하여 친환경 카페 'OOOO'가 탄생하였습니다.

OOOO를 기획하고 운영하는 AAAA는

0000년 설립 00년을 맞이하는 ~~~~업계의 강자입니다. 00년간 AAAA는 'XXXXX'와 'XXX XXX'를 시작으로 'XX XXXX' 등 0000여 권에 이르는 책을 만들어 아이가 있는 학부모라면 누구나 알 정도로 사랑받고 성장했습니다. 듣는 책의 시작인 'SSS'을 국내 최초로 선보였으며, 이에 그치지 않고 최근에는 'AAAAA'을 런칭 예정인 종합 출판회사 입니다. 아이를 위한 AAAA의 선한 의지는 친환경 카페 'OOOO'를 기획하게 된 배경입니다.

찾고 있는 크루(crew)

환경을 위해 작은 것부터 실천하는 당신
ESG를 실천하는 기업에 관심 있는 당신
환경을 위한 연예인들의 활동을 눈여겨본 당신
카페 등 동종업계 경험이 있는 당신
카페 등 동종업계 오픈 경험이 있는 당신

크루가 갖추어야 할 소양

왜 투명/불투명 플라스틱 분리수거를 따로 해야 하는지 알고 있다.
왜 페트병의 비닐을 떼어서 분리수거해야 하는지 알고 있다.
용기의 음식물을 닦아서 분리수거 해야 하는지 알고 있다.

일회용 컵, 젓가락, 빨대 등 일회용품 사용하는 게 망설여 진다.

탄소배출권이 무엇인지 알고 있다.

북극곰, 멸종위기종 관련 기사를 볼 때마다 걱정된다.

사람들이 환경을 위해 작은 것부터 실천하기를 바란다.

만들어 가려는 크루 문화

서로 존중하고 배려하는 문화

나이, 성별과 무관하게 'OOO님, OOO매니저님'으로 부르는 문화

다른 크루, OOOO에 도움이 되는 의견을 적극적으로 말하고 경청하는 문화

다른 크루, OOOO에 도움이 되는 의견을 적극적으로 시도하는 문화

OOOO 방문자와 함께 만들어가는 친환경 캠페인, 활동을 생각하는 문화

오픈 크루가 되면 하게 될 일들

OOOO 초기 세팅 함께하기

OOOO 오픈 이벤트 기획하고 알리기

OOOO 방문자 응대하기

다른 크루와 카페에서 일하는 노하우를 공유하고 내용 정리하기

오픈 크루만 지급하는 성과급

오픈부터 3개월 재직 크루 50만원 지급

오픈부터 6개월 재직 크루 추가 50만원 지급

급여 조건

입사 1개월의 검증후 급여 조정 (입사 1개월은 크루 동일 급여)

1개월 시점에 다면평가 → OOOO 크루로 적합 → 급여 조정

경력/크루 활동에 따라 매니저 크루, 일반 크루로 구분

매니저 크루는 일반 크루 급여 + 최소 10% 이상 지급

복리후생

AAAA 직원과 동등한 복리후생 제공

크루가 되는 과정

1) 입사 지원 : ~~~~에 OOOO가 위치해 있으니 꼭 참고해서 지원해 주세요.

2) 서류 검토 : 입사지원서를 검토하고 연락드려요.

3) 서로 알아보기 : 면접은 지원자와 회사가 서로 알아보는 시간으로 진행돼요.

4) 크루로 일하기 : OOOO의 크루로 함께해요.

크루의 신분과 근무시간

1) 신분 : 수습 크루(3개월) ▶ 일반 크루(12개월) ▶ 매니저 크루

2) 근무시간 : 9시간 (식사시간 포함)

OOOO 위치 및 채용 문의

위치 : (주소를 넣어주세요)

문의 : (연락처 넣어주세요)

※ OOOO가 만들어지는 과정 사진 삽입

(사진1)	(사진2)
(사진3)	(사진4)
(사진5)	(사진6)

4. 채용JD 달라고 할 때 줄 내용

채용을 할 때면 JD를 요구 받는 경우가 자주 있습니다. JD는 2010년 전에는 잘 안 쓰던 말이죠. JD를 네이버에 검색하면 채용에서 말하는 JD와 무관한 정보가 대부분입니다. JD가 정확히 무엇인지 알려면 Job Description으로 검색하는 것이 좋습니다. 흔히 채용에서 말하는 JD는 Job Description으로 검색해서 나오는 결과와는 많이 다릅니다. 이론대로만 하면 JD가 JD가 될 수도 있지만.. 채용에서 사용하는 JD는 입사지원자 또는 입사 지원 예상자에게 공개할만한 Job Description이라고 보는 게 적합합니다.

채용에서 말하는 JD에 포함하는 내용
- 포지션 이름
- 포지션이 수행할 대략적인 업무 내용
- 포지션에 부여할 직급 또는 직책
- 포지션 수행에 필요한 경력 조건(경력직의 경우)

- 포지션 수행에 필수적인 역량, 스킬, 자격, 학력 등의 수준
- 포지션 수행에 도움이 되는 역량, 스킬, 자격, 학력 등의 수준
- 포지션에 지급할 수 있는 연봉, 성과급, 기타 등의 처우 수준
- 회사의 복리후생

여기에 추가하면 좋은 내용
- 경력직의 경우 동종업계 경력을 원한다는 등의 내용
- 원하는 성향(성격)은 무엇이다 등의 내용

　공고는 누구나 볼 수 있지만 JD는 지원(입사)했으면 하는 사람에게 공개되는 경우가 대다수입니다. 그래서 JD에는 공고와 중복되는 내용도 들어가지만 공고에 없는 내용도 들어갑니다. 위 내용이외에 지원했으면 하는 사람에게 어떤 정보를 제공할까요? 외부로 공개되지 않은 스톡옵션, 인센티브 등의 보상이 더 추가될 수도 있고, 근무지 이전에 대한 정보라든지, 보고라인 또는 입사 후 몇 개월 이내 승진 또는 팀장 발령 예정 등의 정보를 제공할 수 있습니다. 이 정보의 목적은 입사지원 유도와 입사 후를 예상하게 만드는 것에 있습니다. 입사 후를 예상하게 만드는 이유는 'OOO을 예상하거나 감수할 자신이 있으면 입사 지원해라'의 의미를 갖습니다.

5. 마무리

허수 지원자에서 진짜 지원자로

단순한 채용 공고는 허수 지원자를 양산합니다. 허수 지원자는 아무 생각 없이 지원하는 사람입니다. 단순 공고의 지원자 90%는 허수입니다. 이들은 5초 이내에 쓱~ 공고를 훑어보고 입사 지원합니다. 그리고 지원했는지 기억도 못합니다. 면접 보러 오라고 연락하면, 그제야 입사 지원 사실을 기억해 냅니다. 공고를 다시 찾아보고 회사도 알아보고 면접에 갈지 말지 고민합니다. 이들이 면접에 참석할 확률은 30%도 안됩니다. 면접에 참석해도 뭔가 준비 안된 느낌이 역력합니다. 만약 면접에 합격하더라도 다음 절차를 진행할 확률은 또다시 30%도 안됩니다.

의미 있는 공고는 입사하고 싶은 지원자를 만듭니다. 쓱~ 훑어보고 대충 지원하는 허수 지원자를 진짜 지원자로 만듭니다. 지원자의 머릿속에 이 회사 또는 포지션이 괜찮다는 생각을 하게 만듭니다. 이런 지원자는 면접 보러 오라고 연락하면, 바로 지원 했던 회사를 떠올리고 반갑게 전화를 받습니다. 그들은 열정적으로 회사와 포지션을 알아보고 면접에 참석합니다. 면접에 합격하면 기뻐합니다. 이들은 입사해서 일하게 될 자신을 상상하기도 합니다. 당연히 더 오래 다니고 더 성과를 냅니다.

좋은 채용 공고의 내용은 현실과 이상 사이

좋은 채용 공고의 내용은 현재와 이상 사이의 내용이어야 합니다. 신규 입사자가 '거짓말이었어!'라 느낄만한 내용을 공고에 작성하면 안됩니다. 회사에서 실현된 것, 실현 중인 것, 실현 계획인 것이 상황에 적절히 있어야 합니다.

제**4**장 채용 이모저모

1. 지원하고 면접에 안 오는 이유
2. 잡플래닛으로 상처 받은 대표님에게
3. 그래도 직원 채용이 잘 안 된다면
4. 한 명 있는 직원관리

1. 지원하고 면접에 안 오는 이유

지원자는 꽤 있는데, 면접 보러 와라 하면 오는 사람이 적습니다. 그 이유의 시작은 지원하기 쉬운 잡코리아, 사람인 등 잡포털에 있습니다. 잡포털에는 이력서를 한 번 등록해 두면 여기저기 쉽게 지원 가능하죠. 물론 지원자 입장에서 아주 좋습니다. 하지만 회사 입장에서는 묻지마 지원(=허수 지원자)이 많아져서 별로입니다.

지원자는 쇼핑하듯 채용 공고 쇼핑몰에 해당하는 잡포털에서 '뭐 지원할 게 있나?' 찾아보고, 충동 구매하듯 묻지마 지원을 합니다. 충동 구매한 물건은 어쩌나요? 금방 취소하거나 반품하죠. 아님 사용하지 않고 그냥 처박아두죠. 당근도 하죠. 묻지 마지원도 똑같습니다. 묻지마 지원은 회사가 처한 환경입니다.

잡포털은 '채용 정보 또는 구직자' 둘 중의 하나를 많아야 하는 생존하는 사업입니다. 잡포털이 입사지원을 쉽게 만드는 건 그들의 입장에서는 당연합니다. 그래야 구직자 회원이 많아집니다. 회사가 잡포털로 지원하기 기능을 사용하는 한 묻지마지원은 불가피합니다. 자체 채용홈페이지 지원으로 묻지마 지원을 줄일 수 있지만, 그

만큼 지원 자도 줄어서 또 다른 고민이 되기도 합니다.

묻지마 지원에서 면접에 갈지 고민하는 지원자

입사지원
지원 가능해 보이길래 지원했다.

  온라인에 많은 일자리가 있습니다. 구직자는 대충 쓱 채용공고를 보고 지원합니다. 그렇지 않은 사람도 있지만 90% 가까이 그렇죠. 지원한지도 기억 못 하는 경우도 많죠. 이런 식의 입사지원은 충동구매와 유사합니다.

회사 정보를 쉽게 찾을 수 없다.

  포지션은 열렸지만 회사 정보는 대략적으로만 알 수 있다면, 구직자는 일단 지원합니다. 지원하고 서류 통과하면 그때 고민하자는 마음이죠.

면접 보러 오라는 연락 받은 후

  이제야 지원자는 '지원했었구나'하고 기억을 떠올리죠. 그리고 다음의 내용들을 찾아보면서 면접에 갈지 말지 결정합니다. 면접 보러 오라는 연락을 받으면 최종 합격도 아니지만 '회사가 자신을 원

한다'는 심리가 지원자에게 꽃핍니다. 지원자는 스스로를 다른 회사에도 충분히 갈 수 있는 사람으로 생각합니다. 이때부터 지원 자는 면접 보러 안 갈 이유를 찾습니다. 자신은 능력이 있으니까요.

내가 지원한 포지션이 뭐였더라.
내가 막 지원한 거는 아닌지 살펴보기
생각해 보니 이 일 못하겠다 또는 하기 싫다
채용공고에 적혀 있는 급여가 적네.
(잡포털 온 김에) 다른 회사나 찾아봤는데, 딱히 없네.

뭐하는 회사지. (회사 정보 살펴보기)
회사 규모, 매출 등 어떤지 살펴보고
회사 홈페이지, 회사 관련 기사도 살펴보고
잡포털에 게재된 회사 정보 살펴봅니다.
추가로 회사 위치와 본인 집까지 출퇴근 시간 살펴보기
기타 재무정보도 살펴봅니다.

회사 평판은 어떻지
잡플래닛, 블라인드의 평판 찾아보기
회사가 속한 업계 지인에게 업계 속성과 그 회사 물어보기 위의 내용들이 모두 마음에 들면 면접에 참석할 의향이 생깁니다. 모두 마음에 안 들면 끝까지 고민하거나 면접 일시를 잊어버리죠.

지원하고 면접에 안 오는 이유와 해결 방법

회사 위치가 멀다.

입사지원서에 작성된 지원자의 집 위치와 회사의 거리가 대중교통(편도)으로 90분 이내인지 확인하세요. 출퇴근 시간이 오래 걸리면, 합격해도 입사까지 이어지기 힘듭니다. 실제 다니기 힘들거든요. 물론 입사해도 오래 다니기 힘듭니다. 해결하려면 지원자가 출퇴근 편도 90분을 감내할 정도의 연봉, 회사문화, 성장기회 등의 확실한 보상이 있어야 합니다. 90분을 감내할 보상이 없다면 90분을 줄일 수 있게 기숙사를 제공하거나 월세 지원, 전월세 보증금 이자 지원 등을 제공해야 합니다.

회사 홈페이지가 없거나 형편없다.

지원자와 회사의 첫 만남은 잡포털이지만, 두 번째 만남은 회사 홈페이지입니다. 홈페이지가 없다면 안 좋아요. 회사가 없어 보이거든요. 최악은 홈페이지가 있지만, 접속이 안되거나 관리 상태가 형편없는 경우입니다. 두 번째 만남이 '형편없을' 바에는 그냥 '없는 게' 낫습니다.

고객이 보기에 매력적인 홈페이지는 지원자에게도 매력적입니다. 이쁘고 멋진 디자인도 중요하지만 '스토리'가 있어야 합니다. 앞서 채용 공고와 마찬가지로 단순 정보보다는 스토리가 있어야 매력적입니다. 홈페이지에 많은 돈 들일 필요 없습니다. 몇 십만 원 혹은 몇 만 원에 최소 며칠이면 구성 가능합니다.

연봉이 적다.

연봉, 중요하죠. 연봉만 보고 지원 안 하기도 하고 입사를 결정할 때도, 퇴사를 결정할 때도 연봉은 정말 중요합니다. 연봉 때문에 면접 안 오는 걸 방지하기 위해 '면접에서 협의 또는 비슷한 문구로 연봉을 바꾸는 게 좋습니다.

협의로 바꿔도 업계를 좀 안다면, 지원자는 대충 연봉이 얼만지 짐작할 수 있습니다. 짐작을 못하고 면접에 참석한다 해도 면접 과정에서 대략의 연봉을 짐작할 수 있습니다. 그 짐작으로 면접에 안 오거나 입사를 안 하기도 합니다. 연봉이 낮더라도 오고 싶으려면 어떻게 해야 할까요. 한국 사람은 정에 약합니다. 채용하고 싶은 지원자가 있다면 자주 연락해서 함께 일하기를 기대하고 있다고 하세요. 하루에 한 번은 연락하기를 추천합니다. 그리고 복리후생을 준비하세요. 복리후생은 실생활에서 자주 사용할 수 있는 게 좋습니다.

- 휴가를 시간 단위로 사용
- OTT서비스 회사 공용계정 운영
- 커피 머신 구비 등

※ 복리후생 챕터에서 자세하게 다룹니다.

그냥 지원했다에서 잘 지원했네로 바꿔주기

채용 공고를 잘 만들면 해결 가능합니다. 디자인이 이쁘면 좋지만 그렇지 않더라도 좋은 채용공고에서 살펴본 내용을 적절히 녹여주는 것을 추천합니다. 채용공고에 작성된 내용은 지원자가 입사 지원과 면접 진행을 결정하는 중요한 정보입니다.

2. 잡플래닛으로 상처 받은 대표님에게

　구직자에게 회사 리뷰는 좋든 나쁘든 입사지원, 입사 등의 판단에 상당한 영향을 미치는 소중한 정보입니다. 때로는 회사 인지도, 재무적인 정보, 연봉보다 더 중요할 때도 있습니다. 대표님에게 회사 리뷰는 좋다면 뿌듯하고 기쁘고 회사 경영에 자신감을 주지만, 나쁘다면 회사를 계속해야 하나 싶을 정도로 대표님을 힘들게 만듭니다. 다음의 내용은 잡플래닛 리뷰를 본 대표님들과의 상담을 정리한 일부 내용입니다.

리뷰를 본 후 대표님의 마음
(시 poem처럼 읽어주세요)

잘해준다고 했는데
이것저것 챙겨줬는데
친하게 지낸다고 노력했는데

직원에게 해주었던 배려, 보너스, 친분에

돌아오는 게 이런 거(험담)라니

보고 나서 느껴지는

배신감, 답답함, 억울함에

잠을 잘 수가 없었다

직원과 거리를 둬야겠다

리뷰를 본 후 하면 안 되는 대표님의 행동

첫 번째, 직원에게 잡플래닛 봤냐 물어보기

두 번째, 직원에게 해명하기

세 번째, 친한 직원에게 회사 리뷰 써달라고 하기

네 번째, 리뷰에 반응해서 바로! 회사의 무언가 바꾸기 - '근무
  환경상 안전(safety) 문제'가 아니라면 최소 1달은 여유를 두세요

다섯 번째, 누구인지 짐작되는 직원에게 리뷰 내려 달라하기

대표님이 이런 행동을 하면 직원들이 이렇게 반응합니다.

'어~ 대표님도 잡플래닛 보네, 그럼 마음에 안 드는 거 써야지!'

'마음에 안 드는 거 하기만 해 봐! 나도 쓴다!'

'지금 쓰면 걸릴 수 있으니 퇴사할 때 두고 보자!'

'잡플래닛이란 게 있었어? 나도 봐야지, 나도 써야지 ㅋ'

'(직원들끼리) 잡플래닛이란 거 알았어요? 함 봐 바여 재밌음 ㅎㅎ'

'리뷰 내려달라고? 절대 안 내린다, 하나 더 쓸까?'

잡플래닛 영향

채용이 힘들어집니다. 가뜩이나 사람 뽑기 힘든데..

회사 분위기가 잡플래닛에 휘둘리게 됩니다. 직원들끼리 쑥덕쑥덕..

회사 이미지에 손실을 입습니다. 거래처, 고객 등이 안 좋게 보기 쉬워요.

구직자 입장에서 보는 잡플래닛 평점 기준

1점 이하 : 리뷰도 볼 필요 없는 회사

1점대 : 무조건 거르는 회사

2점대 : 지금 다니는 회사가 2점대 미만이 아니라면 안 갈 회사

3점대 : 입사하면 좋은 회사

4점대 이상 : 꼭 입사하고 싶은 회사

대표님의 회사가 3점 미만이라면 대처하는 방법

반성할 거는 반성하고 받아들이면 좋겠다 싶은 내용은 받아들이세요. 직원들이 없는 이야기만 하지 않습니다. 몇 번을 생각해도 말도 안 된다 싶은 이야기는 무시하세요. 악의적으로 쓴 글은 잡플래닛의 '신고하기' 기능으로 신고하세요. 굳이 잡플래닛 고객센터에 문의하지 않아도 신고하기로 해당 리뷰가 안 보이게 할 수 있습니다.

구직자가 입사하고 싶고 직원이 칭찬하는 회사를 만들고 싶다면 장기적으로 인사제도, 직원관리 전반을 리뷰하고 다듬어야 합니다. 리뷰는 대단할 필요 없어요.

3. 그래도 직원 채용이 잘 안 된다면

　직원을 채용할 때 대표님들 또는 채용담당자가 하는 아마추어 행동, 개선하거나 주의할 부분을 대표적인 네 가지를 쓰니 점검해 보기 바랍니다. 채용 경험이 적은 경우 회사를 기준으로 작성합니다.

'워크넷'에만 채용 공고를 올린다.

　종종 워크넷에만 채용 공고를 올리고 '직원 채용이 잘 안 돼요.' 라는 대표님이 있습니다. 워크넷은 구직자가 잘 안 보는 사이트 입니다. 구직자가 안 보니 채용이 잘 될 리가 없습니다. 사람인, 잡코리아, 커리어 등과 같은 모든 잡포털에 채용 공고를 올리세요. 채용은 광고와 같습니다. 여기저기에 고객이 많이 다닐 만한 곳에 광고를 해야 제품이 잘 팔리죠.

'잡포털'에서 제공하는 채용 양식(공고문)을 사용한다.

잡포털에서 채용공고 등록하기를 클릭하면 기본 템플릿이 생성된 게 보입니다. 나름 디자인도 괜찮아 보이고 작성하려던 내용의 형태가 제시됩니다. 공고 디자인도 선택하는 재미도 있어서 별 생각 없이 우리 회사의 채용 정보를 작성하고 게재합니다. 잡포털에서 주어진 양식대로 채용 공고를 작성하면, 어디에나 있는 흔한 제품이 됩니다. 어디에나 있는 흔한 제품과 같다면 구직자는 굳이 대표님의 회사에 지원할 이유가 없습니다. 지원해야 하는 이유를 채용 공고에 넣어주어야 합니다.

어렵게 생각하지 마세요. 대표님이 제품을 마케팅하거나 영업하는 것과 같이 채용 공고를 구직자에게 마케팅, 영업하는 것이라 생각하면 됩니다. 디자인은 내용에 우선할 수 없습니다. 좋은 내용에 이쁜 디자인까지 된다면 더 좋지만요.

근로계약서와 같은 문서가 미흡하다.

근로계약서는 있지만 인터넷에서 다른 회사 근로계약서 다운로드한 것이거나 표준 근로계약서를 그대로 사용하는 경우가 많습니다. 표준 근로계약서는 그나마 낫지만 타사 근로계약서는 우리 회사와 안 맞거나 최신 노동관계법이 반영되지 않을 수 있으니 조심해야 합니다. 표준 근로계약서를 사용한다면 최신의 것을 사용하세요.

표준 근로계약서는 어느 회사에나 있어야 할 조항을 기본으로 구성하기 때문에, 우리 회사 상황에 적합하게 보완하는 게 좋습니다. 이 부분은 노무사와 상담하는 것을 추천합니다. 만약 노무사 비용이 부담된다면 인사담당자 카페에 올리면 많은 인사담당자분들에게 보완할 사항을 무료로 자문 받을 수 있습니다. 근로계약서 외에 회사에 따라 필요한 서류(비밀유지서약서 등)는 타사의 자료를 인터넷으로 찾아서 대표님이 아니다 싶은 내용만 보완하여 사용해도 괜찮습니다.

직원이 지켜야 할 것들을 직원이 알 수 없다.

회사가 원하는 직원의 행동, 마음가짐은 무엇인지, 원하지 않는 것은 무엇인지 직원이 쉽게 알 수 있어야 합니다. 쉽게 알 수 있다는 의미는 직원이 원하면 언제든지 누구에게 물어보지 않고 확인할 수 있다는 의미와 성인이라면 해석이 불필요할 정도로 즉시 이해할 수 있어야 한다는 의미입니다.

미리 글로 작성해 보는 것이 좋습니다. 그리고 많은 사람들에게 합리적이고 상식적인지 물어보는 것이 좋습니다. 이 과정을 어느 정도 거쳤다면 채용 공고에 해당 내용을 함께 넣는 것이 좋습니다.

4. 한 명 있는 직원관리

종종 직원이 한 명 있는 대표님과 상담합니다.

큰 회사는 직원 한 명이면 '관리할게 뭐 있나?' 여겨질 수 있지만 직원이 한 명 있거나 이제 직원을 채용하려는 대표님에게는 '전부'라 할 정도로 중요한 문제입니다. 다음은 직원이 한 명 있을 예정이거나 직원이 한 명 있는 대표님의 대표적인 고민 두 가지입니다.

직원을 채용하려는 대표님

무슨 일을 시켜야 하나요?

언뜻 이상한 질문으로 보일 수 있습니다. 직원을 채용하려고 하면서, 무슨 일을 시켜야 하는지 질문한다니.. 이야기를 나눠 보면 대표님은 충분한 자금이 있거나 직원이 필요할 정도로 사업이 성장할 거라 예측하고 있습니다. 대표님 혼자 일하기에는 이미 벅찬 상태죠. 근데 왜 이런 질문을 할까요? 새로 채용한 직원에게 대표님의 일을 덜어주면 그만일 텐데요.

'무슨 일을 시켜야 하나요?'에 다음 고민들이 포함되어 있습니다.

· 한 명분의 일이 될지 고민

· 한 명분의 일이 되었다면 급여는 얼마가 적당한지 고민

· 일을 덜어줄 대표님의 물리적 시간 부족

· 일을 덜어줘서 직원이 일을 파악하고 나면 퇴사하고 창업할까 봐 고민

· 일을 덜려고 가능한 부분은 외주를 사용하지만, 외주로 하기에 이제 일이 넘쳐서 고민

직원이 한 명 있는 대표님

정말 믿고 잘해주고 편의도 다 봐줬는데, 내 기대만큼 따라와 주질 않아요.

직원이 한 명인 대표님에게 직원의 존재감은 크게 느껴집니다. 직원에게 업무적으로, 인간적으로 많이 의지하게 되죠. 그만큼 잘해주려 노력하는 것은 당연합니다. 근데 직원의 마음이 대표님 같지 않다면 어떨까요? 대표님은 상처받습니다. 존재감이 큰 만큼, 많이 의지한 만큼, 잘 해준만큼, 실망하고 배신감으로 상처받죠. '정말 믿고 잘해주고 편의도 다 봐줬는데, 내 기대만큼 따라와 주질 않아요.'라고 말씀하는 대표님은 이미 어느 정도 상처를 받았거나 또

상처받을까 봐 걱정하는 대표님입니다.

· 기대하는 바를 아무리 얘기해도 잘 안됨
· 부족한 부분은 자기 개발할 수 있게 기회를 줘도 소용없음
· 할 수 있는 줄 알고 채용했는데 못 함
· 건강 문제로 인한 결근, 습관적인 지각, 가끔 잠수 등으로 고민
하게 만듦

　　창업했을 때가 생각납니다. 저도 불안했어요. '불안한 부분은 배
워서 한다'는 마음으로 사업의 시작부터 끝까지 하려니 일이 많아
서 미칠 거 같았어요. 외주를 줘도 한계가 있었죠. 직원이 있으면
있는 데로 고민거리가 생겨났어요. 급여를 못 주면 어쩌지? 이
친구가 회사 소스를 들고나가서 창업하면?

　　저는 2년이 안돼서 다시 직장인이 되었습니다. 그래서 그런지 계
속 사업을 해나가는 대표님들이 대단해 보입니다.

제5장 급여는 얼마를 어떻게 언제 줄까

1. 급여 구성의 기본

급여는 크게 기본급, 수당, 인센티브로 구성됩니다.

기본급

기본급은 근무일만 충족된다면 변함 없이 지급되는 급여입니다. 근무일이 적다면 그만큼 덜 지급(=일할 계산)하죠. 기본급은 다른 급여항목의 지급과 연봉 인상의 기준으로 사용하는 경우가 많습니다. 기본급은 한 번 올리면 내리는 것이 힘들기 때문에 신중하게 인상하는 것이 좋습니다.

Question.

기본급 없이 수당, 인센티브만으로 급여를 구성해도 되나요?

Answer.

기본급은 법에서 정해진 급여항목은 아닙니다. 하지만 기본급이라는 명칭을 사용하는 게 일반적입니다.

기본급은 '소정근로 시간 X 시간급'으로 정합니다. 이 경우 시간급은 최저임금 이상이 되어야 합니다. 유동적인 수당을 여러 개 설정해도 괜찮을지 의문이 들 수 있을 텐데 수당은 기본적으로 최저임금에 산입되지 않는 경우가 많으니 되도록 기본급만으로 최저임금 이상이 되도록 급여를 세팅 하는 것을 추천합니다.

Question.

기본급을 내리려면(깍으려면) 어떻게 하나요?

Answer.

변경된 기본급으로 직원과 연봉 계약을 체결하면 됩니다. 말은 쉽지만 현실에서 깍인 기본급으로 직원에게 서명 받기는 어렵죠.

수당

수당은 조건에 따라 변동되어 지급되는 급여입니다. 대표적으로 시간외 수당이 있습니다. 정규 근로시간을 넘어서 근무할 경우 시간외 수당을 지급하죠. 정규 근로시간은 근로계약서에 작성하는 하루 근무시간(보통 8시간)을 의미합니다. 그 외에도 직책수당, 직급수당, 근속수당, 가족수당, 위험수당 등이 있습니다. 회사와 목적에 적합하게 'OO수당'을 만들 수 있습니다 'OO'은 수당의 지급 목적도 되지만 수당 지급조건도 됩니다. 조건에 해당하는 직원은 특별한 사유가 없는 한 동일한 기준으로 동일한 금액을 지급 받습니다. 수당은 기본급보다 금액을 줄이거나 지급하지 않는 것이 쉽습니다. 조건이 없어지면 지급할 이유가 없어지기 때문에 그렇습니다. 만약 급여를 더 주어야 할 필요가 있다면 수당을 신설해서 지급하는 것을 우선 검토하는 게 좋습니다.

Question.

수당을 일할 계산해서 지급해도 될까요?

Answer.

임금의 지급방법은 취업규칙 또는 내부규정, 근로계약서 등에서 정한 바에 따라 지급합니다. 만약 수당의 경우 만근해야 지급한다는 조건이 있다면 일할 계산이 아닌 만근 시에만 지급합니다. 만약 취업규칙 등에 일할 계산이 작성되어 있지 않다면, 지금이라도 실근무일을 기준으로 일할 계산하여 지급한다는 문구를 취업규칙 또는 내부규정, 이마저도 없다면 회사 생활가이드 등에라도 명시하고 일할 계산하세요. 일할 계산의 이유만 합당하다면 문제 여지가 적으니 너무 걱정하지 마세요.

Question.

수당은 통상임금에 포함하나요?

Answer.

통상임금에 따라 변동적으로 지급되는 연장, 야근, 휴일 등 시간외수당과 같은 수당을 제외한 수당은 통상임금에 포함된다고 판단하면 쉽습니다. 다만, 관련 법령이나 판례에서 어떠한 수당을 통상 임금에서 제외한다는 것이 명확하다면 통상임금에서 제외합니다.

Question.

수당은 평균임금에 포함하나요?

Answer.

퇴직금 등의 기준으로 사용되는 평균임금은 평균임금 사유 발생일 최근 90일의 임금총액을 기준으로 산정합니다. 수당이 정해진 기준에 따라 지급되었거나 정기적으로 지급되는 것이었다면 평균임금에 포함하는 것이 맞습니다.

평균임금의 속성 때문에 직원은 평균임금이 가장 많이 산정되는 때에 퇴사일을 정하는 경우가 많습니다. 직원 입장에서는 당연 하지만, 대표님 입장에서 마음에 안 드는 직원이 퇴사할 때, 이렇게 한다면 얄밉죠. 일단 퇴직연금제도가 도입되어 있다면 누적된 퇴직연금을 지급하면 되니 걱정하지 않아도 됩니다. 하지만, 퇴직금을 지급해야 하는 상황에서 수당이나 고생했다는 명목(인센티브)으로 지급한 돈이나 식대가 평균임금에 포함되어 퇴직금 지급액이 올라 가면 부담스럽습니다. 인센티브는 '아무 기준없이 + 비정기적으로 지급'했다면 평균임금에 포함하지 않아도 됩니다. 밑 줄 친 말이 성립하려면, 직원들이 도대체 언제, 무슨 기준으로 언 제 인센티브를 주는지 모르는 상태여야 합니다. 식대의 경우 법인카드 또는 개인카드로 식대에 해당하는 금액만큼 먹고 정산했다면 평균임금에 포함되지 않습니다.

Question.

다른 회사는 수당을 얼마 정도 지급하나요?

Answer.

보통 5~10만원 단위로 지급합니다. 위에서 예로 든 수당을 기준으로 하면 직책수당(팀장 20만원, 실장 40만원 등), 직급 수당(주임 5만원, 대리 10만원 등), 근속수당(근속 1년당 5만 원), 가족 수당 (가족 1명당 5만원), 위험수당(근무 위치에 따라 5 ~ 20만원까지 차등)입니다. 이 금액들은 예시일 뿐이며 회사에 따라 다르게 적용 하니, 절댓값으로 생각하지 마세요.

인센티브

인센티브는 성과급과 동일한 의미로 '성과'에 따라 지급되는 급여입니다. 이때 성과를 낸 주체와 기간 등에 따라 OO인센티브 또는 성과급이라고 부릅니다. 월 인센티브, 분기 인센티브, 조직 인센티브, 개인 인센티브 등 종류가 회사와 직종에 따라 다양합니다.

인센티브는 '차등'을 기본으로 합니다.

성과를 낸 주체(조직, 개인 등)와 기간의 성과에 따라 다르게 지급됩니다. 차등을 하는 이유는 '성과'에 따라 다르게 지급되기 때문입니다. 성과를 많이 내면 많은 금액을, 적게 내면 적은 금액이죠. 성과급을 차등 지급한다는 말은 '성과에 기여한 정도에 따라 지급한다'와 같은 말입니다. 기여는 같은 직원이라도 성과급을 다르게 지급할 수 있는 명분이 됩니다. 기여 정도를 측정하는 쉬운 방법으로 두 가지가 있습니다. 두 가지 는 동시에 적용하기도 합니다.

1) 성과급 지급대상 기간 동안의 근속기간에 따라 지급
예 : 1분기 100% 근속자는 100%, 1분기 90% 근속자는 90% 지급
2) 성과급 지급 직원의 인사평가결과에 따라 지급한다.
예 : S는 200%, B는 100%, C는 60% 지급

2. 직원 연봉 책정과 협상, 어떻게?

100인 이하 회사들이 직원 연봉을 책정하는 방법은 거의 같습니다. 큰 회사도 액수만 다를 뿐 책정 방법은 큰 차이가 없습니다.

신규입사자

1) 신입

· '최저임금 + 5~15%'를 기준으로 합니다. (중소기업의 경우)

· 아주 가끔 최저임금만큼만 지급하는 경우도 있습니다.

· 신입의 경우 대표님들 입장에서는 '가르쳐야 하고 잘할지 못할지 모르는 사람'에 해당합니다.

· 신입 급여 자체가 일종의 투자금에 해당하죠.

· 급여가 작다고 불평하는 신입이 있다면, 경력을 쌓게 해주는 것, 사대보험과 복지를 제공하는 것 등을 말하세요.

· 그리고 '당신이 대표인 나의 기대를 충족한다면 급여 인상 시에 다른 직원보다 많이 인상될 것이다.'라고 약속하세요. 만약 약속이

힘든 직원이라면 이 부분은 패스~

2) 경력

· '전 직장 연봉 + 10% 내외'를 기준으로 합니다.

· 각종 수당은 연봉과 별도로 지급합니다.

· 면접 결과를 '반드시 채용 | 채용' 두 가지로 나눈다면, 반드시 채용은 '+10% 내외'로 하고 채용은 '+ 최대 10%', 두 가지다 아닌 경우에는 '전직장 연봉'으로 협상합니다.

· 전직장 연봉은 '연봉계약서, 원천징수영수증, 갑종근로소득에대한 소득세원천징수확인서'로 확인합니다. 절대로 증빙 서류 없이 연봉을 인정해 주지 않습니다.

· 제시한 연봉을 지원자가 마음에 안 들어 하는 경우, 더 받고 싶은 금액은 1년 후로 유예하고 1년 후에 평가에 따라 유예된 금액의 '일시불 지급 + 연봉 산입'하겠다고 약속합니다.

Question.

전직장 연봉 확인을 위해 '연봉계약서, 원천징수영수증, 갑종근로소득에 대한 소득세원천징수확인서'를 받는 이유는 무엇인가요?

Answer.

경력직의 연봉을 산정할 때, 경력직은 원천징수영수증에 찍힌 금액에 이직에 따른 연봉 상승을 추가로 받고 싶어합니다. 해당 금액은 전직장에서 연간 지급받은 모든 금액에 해당합니다. 온갖 수당, 갑작스러운 포상금, 대표님이 기분 좋아서 지급한 인센티브 등 모든 금액이죠. 이런 금액까지 모두 감안해서 연봉을 산정할 필요는 없습니다. 이런 유동적이거나 비정기적인 금액은 최대한 제외해야죠.

고정적으로 전직장에서 받기로 한 연봉을 확인하기 위해 전직장의 연봉계약서를 받습니다. 그러면 '전직장 연봉계약서만 받으면 되지 않나, 왜 갑종근로소득에 대한 소득세원천징수확인서를 받지?'하는 생각이 들것입니다. 해당 문서로 알 수 있는 것은 매달 받은 급여액, 세액입니다. 매달 받은 급여액을 확인하며, 앞서 이야기한 최대한 제외해야 할 금액(유동적이거나 비정기적인)이 얼마나 있는지 확인할 수 있습니다.

복잡하다면 다음과 같이 하시면 됩니다.

① 원천징수영수증으로 급여총액을 확인한다.

② 급여총액 중 계약연봉을 확인한다. (by 연봉계약서)

③ 매월 지급하기로 한 급여를 확인한다. (by 연봉계약서)

④ 실제 매월 지급받은 급여를 확인한다. (by 갑근세~)

⑤ ③에서 확인한 급여보다 '*최소한으로 많이 받은 실제 월급여'를 확인한다. (by 연봉계약서, 갑근세~)

⑥ ⑤에서 확인한 월급여 X 12로 실제 연봉액을 산정한다.

* '최소한으로 많이 받은 실제 월급여'를 찾는 이유는 무언가의 사유로 일할 계산되어 급여를 지급받은 케이스로 실제 연봉액을 산정하는 오류를 배제하기 위함입니다.

Question.

채용 합격자와 연봉 협상은 어떻게 하나요? 만나서 협상하나요? 연봉계약서는 언제 작성하나요?

Answer.

전화로 협의해요. 계약서 작성은 입사일 당일에 합니다. 전자계약서 서명인 경우 입사일 전에 하기도 합니다. 전화협의 시, 연봉을 산정하고 연봉 외로 지급할 수 있는 것들(인센, 복리후생 등)을 준비하고 전화해요.

산정한 연봉을 얘기하고 합격자가 깔끔하게 받아들이지 않으면 인센티브, 복리후생 등을 얘기하여 계약 연봉보다 실제 연봉이 많음을 어필해서 되도록 회사에서 산정한 연봉으로 계약되도록 유도합니다.

이렇게 하는 이유는

1) 연봉을 희망하는 대로 주면 기존 재직자(유사 경력년차)와 형평성이 안 맞고

2) 회사의 급여 지급 정책(방향)과 엇나갈 수 있고

3) 입사후에 일을 못할 경우 인건비 리스크가 되기 때문입니다.

회사가 산정한 연봉을 받아들이지 않을 경우, 검토하고 다시 연락을 준다고 하고 전화를 끊습니다.

그리고 채용 합격자를 다음과 같이 분류해 봅니다.

1) 반드시 채용 : 채용 포지션에 최적(면접 결과, 성향, 경력, 나이 등)의 인재

　→ 전 직장 연봉 + 10% 정도로 협상합니다.

　→ + 10%를 초과해서 희망하는 경우, 10%를 초과하는 금액은 1 년 근무후 평가에 따라 일시불(보너스)로 지급하고 연봉에도 산입 하기로 합니다. 이 경우, 연봉계약서에 해당 부분을 명시할 것 임을 채용 합격자에게 안내하여야 합니다. 그래야 합격자가 회사를 신뢰 합니다.

　→ + 10%를 초과해서 연봉 계약을 검토해야 하는 경우, 필히 기존 직원이 새로운 직원의 연봉을 알게 되었을 때 '어떻게 받아들일지'를 고민해 보고 결정해야 합니다. 연봉을 아무리 비밀

로 해도 비밀 유지되지 않습니다.

2) 채용 : 다른 인재가 있는 경우 채용하지 않을 수 있는 인재

　　→ 전 직장 연봉 + 10% 아래로 협상합니다.

　　→ +10% 이상을 희망하는 경우, 불가함을 안내하고 입사해서 성과를 내면 충분히 인상됨을 안내하고 입사를 유도합니다. 그래도 맞지 않으면 다른 사람을 찾아야 합니다. 왜냐고요? '반드시'까지 당기는 인재는 아니니까요. 반드시 채용이 아닌데, 연봉을 많이 주면 후회하기 쉬워요.

재직자

입사할 때마다 산정하는 신규 입사자와 다르게 재직자는 한꺼번에 산정하기 때문에 다릅니다. 물론 신규 입사자도 이러면 좋지만.. ㅎ

1) 회사의 인건비 부담 정보 살펴보기

· 직원 인건비의 총합을 회사가 감당할 수 있는 수준인지 검토합니다.

· 이때 매출, 영업이익, 인당 매출액, 인당 영업이익 등을 기준으로

검토하면 좋습니다. 하지만 여의치 않다면 아래와 같이 인건비만으로라도 검토하세요.

· 전년도 인건비 = 전년도 급여 총액(직접인건비) + 전년도 급여 총액의 20%(간접인건비, 복리후생비 등)

· 당해연도 인건비 = 전년도 인건비 + (전년도 인건비 X *당해연도 최근월의 물가상승률) + *알파

· 위의 *표시한 부분을 조정하면서 회사가 감당할 수 있는 수준의 당해연도 인건비를 만듭니다.

· 되도록 *알파를 먼저 조정하고 *알파를 0까지 만들어도 당해연도 인건비가 부담되는 경우에 *물가상승률을 조사한 값보다 아래로 조정합니다.

2) 인건비 인상 재원 산정

· 인건비 인상 재원 = 당해연도 인건비 − 전년도 인건비

· 인건비 = 연간 급여총액(월급여 + 인센티브) + 연간 복리후생
　　　　　총액(법정 + 법정외)

· 인건비 인상 재원은 특정 직원이 아닌 전체 인건비 인상에 얼마를 쓸 것인지를 의미합니다.

· 인건비는 누적 개념이 강하므로 신중하게 결정해야 합니다.

· '신중하게'라는 의미에는 회사의 재정 상태뿐만 아니라 회사의 앞으로 매출 트렌드, 신규 직원 채용, 간접비 확장(교육, 복리후생

신설 등)까지 모두 감안하는 것을 의미합니다.

3) 개인별 연봉 인상액 결정
· 인건비 인상 재원이 결정되었다면 직원별로 얼마를 올려줄지는 인사평가(없다면 대표님의 직관)로 결정합니다.
· 이때 인건비 인상 재원 안에서 인사평가결과로 차등하여 인상합니다. 만약 인사평가 결과가 안 좋다면 급여를 삭감할 수도 있습니다.
· 개인별 당해연도 연봉 인상액이 결정되었다면, 비슷한 연령/경력/학력의 직원들끼리 묶어서 연봉 인상액을 비교해 보고 그 차이가 합당한지 등을 검토하고 조정합니다.
· 여기까지 했다면 남은 것은 연봉협상 또는 통보입니다.

  앞의 '인사평가(없다면 대표님의 직관)'로 결정된 연봉인상액 또는 인상률을 직원이 받아들이려면 다음의 요건이 충족되어야 합니다. 만약 충족되지 않는다면 인사평가제도를 개선해야 합니다. 대표의 직관으로 직원의 인상률을 결정할 때도 거의 동일합니다.
첫 번째, 평가기준 또는 목표와 평가프로세스, 평가양식 등이 연초에 직원에게 공유되었다.
두 번째, 공유된 평가기준에 따라 연봉인상률이 결정될 것임을 직원에게 설명하였다.

세 번째, 연중에 최소 1~4회는 평가기준에 알맞게 일하고 있거나 부족한 부분을 직원(개인별)에게 피드백하였다.

네 번째, 연말에 평가 진행 일정을 직원에게 공유하고 평가가 종료된 이후, 평가 결과를 직원(개인별)에게 공유하였다.

다섯 번째, 평가결과와 평가 등급별 인상률 등 연봉인상률의 관계를 직원에게 공유하였다.

4) 연봉협상 또는 통보

· 연봉협상 또는 통보에서 위의 과정을 직원에게 설명합니다. 직원 개개인에게 설명하기 애매한 경우 게시판에 연봉 산정 기준과 과정을 공지하는 것도 좋습니다.

· 위 과정을 설명해 주어도 결정된 연봉 인상액을 받아들이지 않는 경우, 계속 설득하지 않고 생각할 시간을 줍니다. 생각이 정리되면 알려달라고 하고 다음 직원과 연봉협상을 진행합니다.

· 받아들이지 않은 직원이 말하는 '연봉이 마음에 안 드는 사유'가 합당한지 고민해 보고 추가로 올려줄 여지가 있는지 검토합니다. 이때 되도록 받아들이지 않습니다. 한 번 받아들이면 다음 해에도 반복될 뿐입니다.

· 2번의 면담에도 안 받아들이는 직원은 'OOO님이 당해연도 연봉을 받아들이지 않으니 기존 연봉으로 계속 급여를 지급하겠다'고 하고 기존 연봉으로 급여를 지급합니다. 직원에게 본인이 연봉이

인상되어야 할 사유(성과)를 발표하도록 하고 그 내용에 따라 결정하는 것도 좋습니다.

· 잊지 마세요. 대표님에게 매년 연봉을 인상할 의무는 없습니다.

앞의 '설득'할 때 할 말의 맥락은 다음과 같습니다.

첫 번째, 회사의 매출, 영업이익, 직원 등 성장을 위해 회사가 연봉 인상에 사용할 수 있는 재원(예산)은 한정되어 있다.

두 번째,

(인사평가를 했다면) 평가결과에 따라 연봉 인상 여부와 인상액에 차등을 두어야 회사가 추구하는 방향과 달성하고자 하는 목표에 더 기여하는 직원을 인정할 수 있다.

(인사평가가 없다면) 회사가 추구하는 방향과 달성하고자 하는 목표에 더 기여하는 직원을 인정하기 위해 연봉 인상 여부와 인상액을 다르게 한다.

세 번째, 회사가 정한 인상률과 자신이 생각한 인상률이 다르면, 회사가 추구하는 방향, 목표와 합치하게 일을 했고 일의 결과가 전보다 높았는지 직원 스스로 생각해봐야 한다. 자신의 연봉 인상률은 곧 회사가 추구하는 방향에 자신이 적합하게 일했고 일하고 있고 일할 것이라 회사가 기대하는 바와 동일하다.

3. 연봉은 '어느 정도'라는 연봉 기준 정하기

기준 연봉 레인지 = 크레딧잡 + 잡플래닛을 참고해서 정하는 것이 좋습니다.

두 개 사이트에서 특정 회사의 연봉 수준을 확인할 수 있습니다. 조회하는 회사가 너무 작은 경우 조회되지 않으니 점점 조회대상을 확장하면서 조사하세요. 동일 업종/규모 ➡ 동일 업종, 규모 확장 ➡ 유관 업종, 유사 규모 등 순서로 조사 진행. 최소 10 개 이상의 회사 연봉 수준을 정리한 후, 최소 최대 연봉이 10% 정도 높게 하는 것을 추천합니다.

직군	직급	최소	최대	평균
IT 인터넷	대리급	3800 만	5000 만	4300 만
		...	...	...
평균(A)		3600 만	4900 만	4300 만
연봉레인지=(A)X110%		3960 만	5390 만	4730 만

크레딧잡에서 특정 회사 조회시 나오는 정보

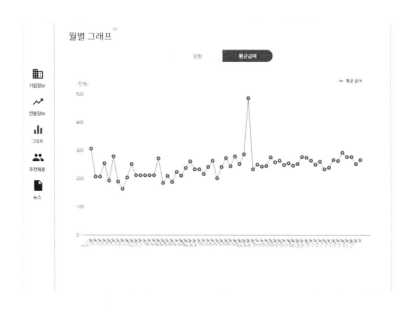

크레딧잡은 국민연금납부액을 기준으로 추정 연봉을 산정합니다.

국민연금 납부액 기준 : 기준소득월액 X 4.5% = 근로자납입

이 금액이 추정치인 이유는 비과세 항목 등은 일부 제외되기도 하고, 학력 정보를 사회보험 신고할 때 작성하지 않기 때문입니다. 직급별로 나눈 것도 안 맞을 수 있습니다. 취득/상실 신고 시에 직급을 입력하지 않으니까요. 신고할 때 입력한 주민등록번호를 기준으로 추정했을 것으로 생각합니다. 하지만, 재밌는 것은 어느 정도 추정 값이 실제와 비슷합니다. 추정 값을 보완하기 위해 유저가

연봉을 입력하게 되어 있지만, 유저의 회사 재직 여부는 검증하지 않습니다.

잡플래닛은 직원이 직접 입력한 연봉정보를 기준으로 합니다.

직원이 입력하기 때문에 '직군'과 '직급'이 반영된 연봉 정보를 알 수 있습니다. 아래 이미지는 잡플래닛에서 조회한 제가 재직하는 회사의 연봉 정보입니다. 실제와 90% 이상 같습니다. 이 정보는 유저가 입력한 정보를 기준으로 합니다. 물론 잡플래닛도 재직 여부를 확인하지 않습니다. 하지만 크레딧잡처럼 상당히 근사치를 보여줍니다.

4. 직원 연봉 책정시 감안할 부분

직원 연봉을 정하면서 아래의 요소들을 감안하여 정하는 경우도 많습니다.

나이에 따른 연봉 차이

나이는 무시합니다. 나이 때문에 급여를 더 지급하면 끝도 없습니다. 급여는 첫 번째는 업무의 부가가치, 두 번째는 그 사람의 업무 능력, 세 번째는 다른 직원과의 형평성을 기준으로 정하는 것임을 잊지 말아야 하며, 나이에 따라 지급하는 것은 상대적으로 나이가 어리지만 경력이 많은 직원이 볼 때 상당히 불합리합니다.

경력에 따른 연봉 차이

유관 경력이면 인정해서 연봉에 반영해 주고, 아니면 무시합니다. 경력은 100% 인정해 주면 직원 입장에서 좋지만, 꼭 100% 인정할 필요는 없습니다. 채용하는 포지션과 무관한 경력을 무시하지 않으면 입사자는 아무 상관없는 아르바이트 등 온갖 경력을 다 가져다 붙입니다. 실제 경력인지 확인도 불가능한 경력까지 가져다 붙이죠.

직무에 따른 연봉 차이

같은 경력년차도 직무에 따른 연봉 차이는 있습니다. 신입도 직무에 따른 차이가 있으나 경력만큼 크지는 않습니다. 직무에 따른 차이는 대부분의 대표님들은 인지하고 있으며 반영하여 연봉을 책정하고 있습니다. 조금만 더 깊이 생각해 보면, 같은 직무의 동일한 연차도 회사 또는 업종에 따라 차이가 있습니다. 이 또한 연봉 책정 시에 감안되어야 합니다. 앞에서 살펴본 전직장 연봉을 기준으로 하는 것과 10%를 초과하는 금액은 미뤄두는 것으로 대응 가능하니 여기서는 '그렇구나 반영해야 하는구나~' 정도만 알아두면 됩니다.

직급에 따른 연봉 차이

경력을 반영해 주는 것과 비슷합니다. 경력이 곧 연봉 차이라고 말할 수는 없으나 대부분의 회사들은 직급에 따라 다르게 연봉을 책정합니다. 직급은 경력과 업무 능력, 회사 문화 등을 모두 내포하고 있다고 봐야 합니다.

작은 회사라면 직급을 단순하게 하는 것을 추천합니다.

최근 많이 사용하는 단순한 직급 형태

매니저 → 선임매니저 → 팀장(직책자)

매니저(모든 팀원) → 팀장(직책자)

프로 → 선임 프로 → 팀장(직책자)

프로(모든 팀원) → 팀장(직책자)

※ 팀원을 구분한 경우, '선임'이 붙는 경우는 예전의 과장급 이상인 경우가 많습니다.

예전부터 많이 사용하는 직급 형태

사원 → 주임 → 대리 → 과장 → 차장 → 부장

※ 각 직급의 경력년수는 회사마다 다르며, 2 년 또는 4 년 단위로 나누는 경우가 대다수입니다.

5. 급여 지급 시기

정지급(이렇게 부르지는 않지만.. 마땅한 용어가 없음)

급여를 정확하게 지급하는 것입니다.

1 일 ~ 말일 급여 → 당월의 말일에 지급

예) 7 월 급여(7.1 ~ 7.31)를 7. 31 일에 지급

- 대표님 입장 : 정확하게 급여를 지급한다는 생각이 든다.

- 직원 입장 : 정확하게 급여를 받는다는 생각이 든다.

후지급

말 그대로 급여를 나중에 지급하는 것입니다. 후지급하는 급여는 '급여의 전체'입니다.

1 일 ~ 말일 급여 → 익월의 급여일에 지급

예) 7 월 급여(7.1 ~ 7.31)를 8. 15 일에 지급 → 15 일 후지급

- 대표님 입장 : 여유 있게 급여를 마련할 수 있다. 직원의 퇴사를 조금(?)이나마 막을 수 있을 것 같다.

- 직원 입장 : 불합리하고 입사 초기에 생활고에 시달리기 쉽다.

→ 정지급과 후지급은 작은 회사에서 주로 취하는 형태입니다.
→ 후지급을 하는 경우, 당장 급여가 없는 직원의 점심값과 출퇴근 차비가 걱정될 수 있으니, 입사 1개월차까지 지원해 주는 복리후생을 운영해도 좋습니다. (실제로 이렇게 하는 회사도 있어요.)

선지급

후지급과는 다르게 급여를 미리 지급합니다. 선지급하는 급여는 '급여의 일부'입니다.
1일 ~ 말일 급여 → 지급월의 급여일에 지급
예) 7월 급여(7.1 ~ 7.31)를 7. 25일에 지급 → 6일치 급여 선지급
- 대표님 입장 : 급여일에 직원이 퇴사할까 봐 걱정된다.
- 직원 입장 : 퇴사일을 급여일로 하고 싶다.

→ 규모와 자금에 여유가 있는 회사에서 취하는 형태입니다. 특수한 경우를 제외하고 직원의 퇴사 사전에 확보한 정보로 인사에서 파악하고 있으며 급여 계산 과정에서 퇴사 예정일을 본인에게 한번 더 확인하여 급여를 일할 계산하여 급여일에 지급합니다.

앞의 '직원 퇴사 정보를 사전에 확보'하는 방법은 두 가지입니다.

첫 번째, 퇴사 프로세스를 공지하고 운영한다.
공지. 퇴사 프로세스를 지키지 않을 경우 발생한 손해는 전적으로 직원과 소속부서장에게 있음을 공지한다.
프로세스. 퇴직 희망 직원은 최소 퇴사 한 달 전에 소속 부서장에게 퇴직 의사를 전달한다. 부서장은 직원과 퇴사 만류 목적의 퇴사 면담을 한다. 퇴직 면담에서 인사부서에 알리지 않을테니 며칠 동안 고민해 보라고 한다. 며칠이 지난 후에도 직원이 퇴직을 희망할 경우 인사부서에 직원의 퇴직 의사를 전달한다. 인사부서에서 퇴직 면담하고 퇴사에 따른 급여/회계/물품반납/연차휴가 정산 등을 안내 한다.

두 번째, 채용 포지션으로 퇴사를 예측한다.
현업에서 새로운 직원을 채용하기 원한다는 것은 사람이 더 필요하다는 의미도 있지만, 현업 부서장이 팀원의 퇴사 가능성을 감지했거나 누군가 퇴사하기를 바라기 때문인 경우도 있습니다. 특히 새로운 일이 아닌 기존에 하고 있는 일인데 채용 요청이 있다면 현업 부서장에 확인합니다.

제6장 복리후생은 무엇을 얼마나 어떻게

1. 이 정도는 복리후생의 기본
2. 가성비 좋은 복리후생
3. 복리후생 같은 재택근무

1. 이 정도는 복리후생의 기본

　복리후생은 노동관계법에서 정한 법정 복리후생과 회사 자체적으로 정한 법정 외 복리후생으로 구분할 수 있습니다.

　법정 복리후생은 법에서 정한 조건에 해당하는 기업은 직원에게 제공해야만 합니다. 법정 복리후생에는 다음의 것들이 있습니다.
- 사회보험(국민연금, 고용보험, 산재보험, 건강보험)
- 퇴직금 또는 퇴직연금
- 연장/야간/휴일근로수당, 연차 유급휴가수당
- 연차 유급휴가
- 산전후휴가, 배우자출산휴가, 육아휴직, 난임휴가 등
- 보건휴가(무급 1일)
- 건강검진
- 실업급여
- 산재보험 등

법정 외 복리후생에는 다음의 것들이 있습니다.

- 자녀 학자금, 본인 학자금
- 상해보험 가입
- 장기근속자포상, 장기근속휴가(안식휴가), 하계휴가, 창립일휴무
- 장기근속휴가자 휴가비 지원
- 스톡옵션, 우리사주
- 경조비, 조화/화한
- 출산 선물
- 명절 선물, 창립기념일 선물, 생일 선물, 결혼기념일 선물
- 생일 휴가, 반차
- 자녀돌봄수당, 다자녀 수당, 효도 수당
- 어린이집 운영, 여성전용휴게실
- 체력단련실 운영, 헬스비 지원
- 상담실 운영, 무료 진료, 건강검진(본인/가족)
- 화장실비데, 시력보호모니터, 손목보호마우스
- 휴양시설(콘도 등) 제공, 숙박비 지원
- 아침/점심/저녁 식사 제공, 간식 제공, 음료 제공
- 첫월급 전까지 중식대 지원
- 기숙사 운영, 사택제공, 주택자금 융자, 월세 지원
- 차량유류비 지원, 통근버스 운행, 야간교통비(택시비)
- 유연근무제, 출퇴근 선택시간제, 선택적 복리후생

- 사내 대출, 대출이자 지원, 월세 지원
- 도서구입비 지원, 외부 학원비 지원
- 자사제품 할인, 제휴미용실 할인, 제휴헬스장, 제휴 식당 할인 등

　법정 외 복리후생은 회사마다 운영 기준이 다릅니다. 위에 작성한 하나하나 운영안이 따로 필요합니다. '운영안 = 기준과 프로세스'는 명확할수록 현실에서 혼선이 없고 직원이 복리후생을 사용하는데 불편함이 없습니다. 복리후생 운영안을 어떻게 만드나 고민인 분은 저에게 문의하시면 도와드리겠습니다. 업종은 감안하지 않고 회사 규모를 기준으로 할 때, 추천하는 복리후생 도입 순서는 다음과 같습니다.

※ 복리후생은 도입했다가 회사의 성장에 따라 새로운 항목이 만들어지거나 없어지기도 합니다. (초기 인재 유치를 위해 '스톡옵션'을 도입했다가 회사가 성장 함에 따라 스톡옵션 미지급)

회사 규모	도입 추천
10인 이하	법정복리후생 + A세트(스톡옵션, 간식제공, 음료제공, 생일선물, 야간교통비, 자사제품할인)
30인 이하	법정복리후생 + A세트 + B세트(시력보호모니터, 손목보호마우스, 건강검진(본인/가족), 명절/창립기념일/결혼기념일 선물, 경조비, 조화/화환)

회사 규모	도입 추천
50인 이하	법정복리후생 + A세트 + B세트 + C세트(아침 식사 제공, 도서구입비, 외부학원비)
100인 이하	법정복리후생 + A세트 + B세트 + C세트 + D세트(장기근속자 포상/휴가, 유연근무제, 선택적복리후생)
300인 이하	법정복리후생 + A세트 + B세트 + C세트 + D세트 + 회사 여건에 따라 도입

위의 추천 안에 업종과 근무지를 감안하면, 도입 시기가 더 빨라질 수도 있고 표에는 작성되지 않은 기숙사 제공, 월세 지원 등이 추가될 수 있습니다. 복리후생을 기획할 때 회사 규모보다 앞서서 생각해야 할 것은 어떻게 하면 복리후생이 직원 채용과 직원 유지에 도움을 줄 것인가 입니다.

복리후생만으로 채용이 잘되고 직원이 장기 근속하지 않습니다. 하지만 분명히 도움은 줍니다. 우리 회사 좋다는 말이 나올 여지가 높습니다. 그리고 같은 규모의 회사면, 연봉이면 복리후생이 좋은 회사가 선택될 확률이 높습니다. 재직 중인 직원의 만족도가 높아질 여지가 높습니다.

복리후생은 근속과 성과에 따라 차등 적용할 수 있습니다. 장기 근속과 더 높은 성과를 달성하는 것을 유도하는 것이 목적이지만 복리후생으로 꼭 그렇게 된다고 말할 수는 없습니다. 하지만 앞서 언급한 바와 같이 분명히 도움은 줍니다.

근속	적용 복리후생
1년 이상	건강검진(본인) + 헬스비 지원 + 주택자금 융자 + 자녀 학자금
3년 이상	건강검진(본인/가족) + 헬스비 지원 + 주택자금 융자 + 자녀 학자금 + 본인 학자금 + 장기근속포상(표창, 금 3돈) + 장기근속휴가 1주
5년 이상	건강검진(본인/가족) + 헬스비 지원 + 주택자금 융자 + 자녀 학자금 + 본인 학자금 + 장기근속포상(표창, 금 3돈) + 장기근속휴가 1달

성과를 S, A, B, C, D로 나눌 때, 성과에 따라 복리후생을 다음과 같이 차등하여 제공할 수 있습니다. 성과에 따라 복리후생을 제공 또는 조정하는 것은 신중하게 검토하고 운영하지 않으면 저성과자 (아래 표상에서 C, D에 해당)의 불만이 심할 것입니다.

성과	성과에 따른 복리후생
S	모든 복리후생 + 휴양시설 1순위 배정 + 모든 복리후생 예산 선배정 + 스톡옵션 지급 + 선택적복지포인트(200만 포인트)

성과	성과에 따른 복리후생
A	모든 복리후생 + 휴양시설 2순위 배정 + 모든 복리후생 예산 선배정 + 선택적복지포인트(100만 포인트)
B	모든 복리후생 + 선택적복지포인트(50만 포인트)
C	복리후생 중 본인 학자금 지급 없음 + 건강검진(가족 - 제공 없음) + 주택자금융자 신규 지급 안됨 + 선택적복지포인트(25만 포인트)
D	복리후생 중 가족, 자녀 학자금 지급 없음 + 건강검진(제공 없음) + 주택자금융자 신규 지급 안됨 + 스톡옵션 지급 없음(기존 철회), + 우리사주 매입 금지 + 헬스비, 도서구입비, 외부학원비 지원 없음 + 선택적복지포인트(지급 없음)

인사평가 짧게 짚어보기

  저성과자의 불만을 최소화하려면, 성과 등급을 결정하는 철학, 기준, 프로세스(= 인사평가)에 대해 직원들과 충분한 소통과 합의가 필요합니다.

인사평가의 철학은 우리 회사가 인사평가를 하는 이유에 해당하며, 인사평가 기준은 인사평가를 받는 평가항목 또는 목표에 해당합니다. 프로세스는 평가항목 정의 또는 합의, 중간점검 또는 피드백, 최종성과 작성과 평가 등으로 말할 수 있습니다. 철학, 기준, 프로세스는 맥락이 맞아야 하며, 맥락이 직원들에게 공감대를 형성하거나 직원들이 당연하게 받아들일 수 있는 것이어야 합니다. 평가제도가 올바르게 기획되었더라고 이를 실행하는 주체(평가자)가 설득력이 없게 평가한다면(=제대로 평가하지 않는다면) 평가 결과를 직원이 받아들이지 못할 것입니다. 어렵죠? 어느 회사나 인사평가는 어렵습니다. 우리 회사에 최적화된 평가를 찾아가는 여정으로 생각하고 시작/개선해나갈 의지가 가장 중요합니다.

갑자기 다른 이야기 : 작은 회사는 몇 명인가

회사 인원에 따라 복리후생을 나누다 보니 대표님들과 미팅에서 5분 이내 대표님들이 하는 말인 '회사가 작아서..'가 생각납니다. 작다는 기준은 상대적이라서 직원이 없거나 한 두명인 회사 대표님도 작다고 말하고 직원이 50명 정도인 회사의 대표님도 작다고 이야기합니다. 직원이 몇 명, 매출이 얼마 이하면 회사가 작다는 기준은 없습니다.

저는 의사소통이 신속하고 왜곡을 최소화 할 수 있는 최소한의 규모의 회사가 작은 회사라고 생각합니다. 의사 소통은 수평적으로 넓어지고 수직적으로 멀어질 수록 속도가 느려지고 왜곡됩니다. 의사소통의 왜곡을 최소화하기 위해 수직적 단계를 가능한 최소한으로 하는 것이 좋습니다. (수직적으로 3단계 : 대표-팀장-팀원)

스포츠 경기 중 농구팀 구성 인원인 5명이 최적의 팀원수라고 생각합니다. 모든 팀원이 자신의 역할에 맞게 빠르게 뛰어다니고 언제든 공수를 바꿀 수 있으며, 감독과 코치가 원하는 시점에 멘토링과 코칭이 이루어질 수 있을 만큼 쉽게 팀원들의 움직임을 파악하고 소통할 수 있기 때문입니다. (수평적으로 5명)

작은 회사 = 대표 1명 + 직원 30명 이하					
구분	A팀	B팀	C팀	D팀	E팀
팀장	1명	1명	1명	1명	1명
팀원	5명	5명	5명	5명	5명
계	6명	6명	6명	6명	6명

의사소통 왜곡 사유

1) 화자(speaker)의

- 표현력 부족, 언어 필터링, 일부 정보 차단, 자기 방어

- (화자, 청자 공통) 가치관/사고 기준 차이, 지위상의 차이, 언어 또는 의미론적 문제, 막연한 가정, 빈약한 기억력 등

2) 청자(listener)의

- 청취 상의 오류 및 성급한 평가, 변화 적응에의 시간 부족, 선택적 인지, 감정, 편견

- (화자, 청자 공통) 가치관/사고 기준 차이, 지위상의 차이, 언어 또는 의미론적 문제, 막연한 가정, 빈약한 기억력 등

2. 가성비 좋은 복리후생

한정된 재원(돈)

회사에서 인건비에 사용할 수 있는 돈은 한정되어 있습니다. 거의 고정되어 있는 급여와 예상되는 인센티브까지 제외하면 복리후생에 사용할 수 있는 예산이 남습니다. 다시 법정 복리후생을 제외하고 나면 실제 회사가 사용할 수 있는 (법정 외)복리후생 예산이 됩니다.

인건비 = 급여 + 인센티브 + 복리후생(법정 + 법정외)

위 공식은 단순히 더하기가 아니라 회사가 인건비를 집행하는 우선순위이기도 합니다. 직원의 채용과 유지를 위해 급여를 지급 하고 직원의 성과를 치하하거나 유도하려고 인센티브를 지급합니다. 그리고 법정 복리후생을 집행합니다. 실제로 법정 복리후생이 인센티브 보다 우선하지만, 개념적으로는 인센티브가 우선합니다. 이렇게 필요한 비용을 집행하고 **남은 인건비를 회사의 여건에 따라**

복리후생으로 사용합니다.

한정된 재원에 이어 생각해야 하는 인건비 확장과 축소

회사 경영이 어려워지면 다음의 순서로 비용을 줄이는 것을 추천합니다. 각 비용의 목적을 감안하지 않은 비용 축소와 모든 직원을 일괄적으로 적용하는 우(愚)를 범하지 마세요.

불필요한 비용 절감 ➡ 직원 교육 축소 ➡ 직원 교육 미시행 ➡ 복리후생 축소 ➡ 복리후생 미집행 ➡ 인센티브 축소 ➡ 인센티브 미지급 ➡ 급여 동결 또는 축소(저성과자) ➡ 급여 동결(중간성과자) ➡ 급여 동결(고성과자) ➡ 급여 축소(중간성과자) ➡ 급여 축소(고성과자)

반대로 회사에 재정적으로 여유가 생기고 직원 급여도 올려주고 인센티브도 주고 복리후생도 확장하고 싶다면, 위 순서를 반대로, 좋은 방향으로 하면 됩니다.

인건비 계산해 보기 : 어쩌면 연봉 책정에서 다루었어야 할

인건비 예산을 별도로 정하지 않은 경우, 이번 기회에 전년도 인건비도 산정해 보고 당해연도 인건비도 예상해 보면 어떨까요? 대략의 인건비 산정은 다음과 같이 합니다.

인건비 = 직접인건비 + 간접인건비
직접인건비 = 급여, 인센티브, 수당, 퇴직금 등 돈으로 지급
간접인건비 = 사회보험, 점심/저녁 식사, 간식 비용 등 직원의 관리 및 복리후생을 위한 비용

전년도 인건비에서 직접인건비의 경우, 급여지급 내역(전년도 1월 ~ 12월)만 확인하면 되기 때문에 산정하기 쉽지만 간접인건비는 이것저것 따져 봐야 할게 많습니다. 그렇게 따지다가 '아~ 모르겠다' 싶을 때는 직접인건비의 20%를 간접인건비로 산정합니다. 통상의 회사는 비슷합니다. 물론 정확하게 간접인건비를 계산하는 게 좋습니다.

당해연도 인건비 예상 방법

아주 아주 단순하게는 당해연도 인건비는 다음과 같이 계산할 수 있습니다. 인원과 급여항목 등이 많고 적고만 있을 뿐 맥락은 같습니다.

1) 당해연도 1월부터 계산 시점까지 모든 직원에게 지급한 금액을

당해연도 12월 까지 지급한 것을 가정하여 계산합니다.

   예) 1월 2,000만원, 2월 2300만원 지급 시

      3~12월은 매월 2,300만원 지급한다고 가정

      이렇게 가정 시 2,000만원 + (2,300만원 X 11개월)

2) 여기에 당해연도 채용 예정 인원의 예상 급여(대리급 1명 채용, 예상 연봉 4,500만원, 7월 입사 목표, 예상 급여 2,250만원)를 반영합니다.

   이렇게 예상 시 1)의 금액 27,300만원 + 2,250만원

3) 2)까지 산정한 금액에 당해연도 급여인상과 최저임금 인상을 반영합니다.

   급여인상 3% 가정(모든 직원 인상 - 신규입사자 포함)

      29,550만원 X 103% = 30,437만원

   ※ 29,550만원이 전년도 급여총액이 아닙니다. 전년도

      급여총액은 꼭 전년도에 지급한 급여를 모두 합하세요.

      (중도 입퇴사자 포함)

   최저임금 인상에 따라 급여 인상 직원 1명은 위 급여인상을 적용 후에 최저임금에 미달하는 직원의 연급여를 최저임금 이상으로 추가 인상합니다.

      21년 연급여 2,200만원 → 3% 인상 2,266만원 (22년

      최저임금 약 2,300만원에 미달) → 34만원 추가 인상

      직접인건비 총액 = 30,437만원 + 34만원 = 30,471만원

4) 3)까지 계산한 직접인건비의 20%를 간접인건비로 반영하여 당해연도 (예상)인건비를 계산합니다.

직접인건비 총액 = 30,437만원 + 34만원 = 30,471만원

인건비 총액 = 30,471만원 X 120% = 36,566만원

실제는 복잡

위의 맥락으로 계산하는 것을 조금 확장하면 인건비 시뮬레이션에 해당합니다. 실제로 인건비 인상률과 그와 관련된 기준값들의 변경에 따라 어떻게 각 급여항목이 변경되는지 등을 시뮬레이션해 볼 수 있게 엑셀 시트로 만듭니다. 경영진의 재밌는 장난감에 해당하죠.

복리후생에서 가성비란

대표님은 비용 부담이 작으면서 직원 만족도는 높은 복리후생을 원합니다. 직원은 자주 누릴 수 있는 혜택이 큰 복리후생을 원하죠. 절충점을 '비용 부담은 적은데 직원이 자주 누릴 수 있는 복리후생'으로 정의하고 이를 가성비 있는 복리후생이라 부르겠습니다.

실제로 어떤 복리후생이 있을까요? 가장 흔한 예로 '직원이 커피값 아꼈으면 해서 들여 놓은 언제든 무료로 마실 수 있는 고급 원두를 사용하는 커피 머신'이 있습니다. 또 뭐가 있을까요? '하루 종

일 혹사 당하는 눈이 건강했으면 해서 제공하는 모니터 블루라이트 차단 필름'도 있습니다. '바른 자세로 앉도록 돕고 요추를 보호하는 고급형 사무 의자'도 있죠. 제가 왜 단순하게 '커피머신, 블루라이트 차단 필름, 고급형 사무 의자'라고 쓰지 않았을까요? 복리후생 하나에 직원을 생각하는 마음과 복리후생을 운영하는 이유를 담고 싶어서입니다. 이런 사례는 호텔 또는 고급 레스토랑 메뉴판에 많이 나옵니다. 아래 이미지처럼 설명을 넣어주면 비싸더라도 '끄덕끄덕~'하고 사 먹게 만드는 것과 같아요.

1. 제주 명물 딱새우 살을 듬뿍 넣은 매콤한 오일소스의 스파게티니 파스타
JEJU LANGOUSTINE OIL PASTA

2. 태안 꽃게와 대하 새우로 맛을 낸 비스크 소스와 다진 새우를 채운 라비올리
PRAWN STUFFED RAVIOLI PASTA IN CRAB BISQUE CREAM SAUCE

3. 스웨덴식 비프브로스 크림소스를 곁들인 한우 미트볼 & 리가토니 파스타
SWEDISH HAN-WOO MEATBALLS IN BEEF BROTH CREAM SAUCE WITH RIGATONI PASTA

4. 최상급 이탈리안 윈터 트러플을 듬뿍 올린 구운 감자 뇨끼와 트러플 머쉬룸 벨루테 (+3,0)
ITALIAN WINTER TRUFFLE WITH ROASTED GNOCCHI IN TRUFFLE MUSHROOM VELOUTE (+3,0)

무언가에 의미와 마음(진심)을 담으면 받아들이는 사람도 허투루 보질 않고 의미와 진심을 보게 됩니다. 그럼 좋은 것이 됩니다. 복리후생으로 보면 '복리후생'에서 '좋은 복리후생'이 되는 거죠.

좋은 복리후생의 조건

좋은 복리후생의 조건은 총 세 가지입니다.

첫 번째, 복리후생에 의미와 마음(진심)을 담아야 한다. (앞서 설명)

두 번째, 복리후생을 받을 기회가 보다 많아야 한다.

세 번째, 복리후생이 성과에 긍정적인 영향을 주어야 한다.

받을 기회가 보다 많아야 한다.

자녀 학자금은 많은 회사에 있는 복리후생입니다. 대부분 회사가 자녀학자금에서 자녀를 의무교육을 넘어선 자녀를 대상으로 합니다. '18 년까지 중학교까지 의무 교육이었으나 '19 년부터 고등학교까지로 확대되었습니다. 대학생 자녀가 있는 직원이 몇 이나 될까요? 정말 몇 없습니다. 대부분의 직원은 자녀 학자금을 사용할 가능성이 거의 없습니다. 회사는 '우리 회사도 학자금 지원해 준다'고 말하기 좋지만 대학생 자녀가 없는 직원에게 자녀학자금은 무의미한, 없는 복지나 마찬가지입니다.

일전에 제가 재직했던 직원 500 명 규모의 IT 회사에도 자녀학자금이 있었습니다. 젊은 조직이었던 그 회사에 대학생 자녀가 있는 임직원은 3 명(대표님, 상무님, 부장님 자녀 6 명)이었습니다. 있으나 마나 한 복지였죠. 그래서 회사에 적합하게 자녀 학자금을 다음과 같이 개선했습니다.

- 자녀학자금 목적 : 직원 생애주기에 적합한 자녀학자금 지원
- 자녀의 범위 : 임직원의 7세 이하 직계 자녀
- 학자금의 정의 : 자녀 교육에 필요한 비용(어린이집/유치원 활동비, 학원비, 교구비, 방문교사 비용 등)
- 지원 금액 : 직원당 분기 30만원 한도
- 지원 방법 : 1, 4, 7, 10월에 전분기 비용 정산, 영수증 첨부
- 대학생 자녀 학자금 폐지 → 1학년 1학기 입학금/등록금만 지원

위와 같이 개선하고 혜택을 받는 직원이 약 60명으로 늘었습니다. 자녀학자금 대상 전직원이 0.6%에서 12%로 200%가 되었습니다. 물론 직원만족도도 높아졌습니다. 연간 인당 최대 120만원을 받을 경우 총 7200만원 예산 필요했으며, 7200만원은 기존 자녀학자금으로 사용되던 예산으로 갈음되었습니다. 물론 이렇게 제도를 바꾸기 위해 대표님, 상무님, 부장님의 통 큰 결정이 있었습니다.

자녀학자금의 개선은 미혼이거나 자녀가 없는 직원은 '그냥 회사가 좋아졌네' 정도의 느낌 이상은 없습니다. 그래서 자기개발비의 범위를 확대했습니다. 기존에 직무 관련 학습에 해당하는 비용만 지원 되던 것을, 헬스/필라테스/단기클래스수강(온라인 포함)으로 확대했습니다. 자녀학자금을 받은 직원은 직무관련 학습 목적 외에는 사용을 제한했습니다.

성과에 긍정적인 영향을 주어야 한다.

　회사는 일을 하는 곳이고 일은 단순히 '했다'만으로는 부족합니다. 일을 했으면 성과가 있어야죠. 성과는 '더, 좋게, 빨리' 했다 등 단순히 했다 이상이어야 합니다. '했다(완수)'만으로 성과가 되려면 업무의 난도가 높거나 정상근무시간 동안 그 일을 해낸 것만으로 '충분하다, 잘했다' 평을 받을 수 있어야 합니다.

　복리후생이 성과에 긍정적인 영향을 준다는 것은 '차등과 적용'으로 나눠서 말할 수 있습니다. 차등은 성과가 좋을수록 더 좋거나 더 많은 복리후생을 받는 것으로 전년도의 성과에 따라 당해연도 복리후생이 달라지는 것을 의미합니다. 성과에 따라 복지포인트를 차등하는 것이 대표적입니다. 참고로 차등은 확실해야 효과가 있습니다.

등급	S	A	B	C	D
목표 달성 수준	상당히 초과하여 달성	일부 초과하여 달성	목표만큼 달성한 수준	일부 달성하지 못함	대부분 달성하지 못함
복지 포인트	150만원	70만원	50만원	25만원	-

　회사 전체 성과를 기준으로 복지를 차등할 수도 있습니다. 예시는 성과수당이라는 명목으로 성과에 따라 전직원의 수당(매월 급여일에

지급)을 차등 지급하고 있습니다. 일종의 인센티브(성과급)로 볼 수도 있으나 인센티브와는 다르게 무조건 통상임금에 해당합니다. 성과 수당을 적용하려면 회사 성과(등급별)에 대한 정의와 산출식 등이 명확해야 하고 구성원의 공감대가 형성되어 있어야 합니다.
(앞서 이야기한 평가와 동일)

구분	회사 성과				
	S	A	B	C	D
부장	15만원	10만원	-	-	-
차장	25만원	15만원	-	-	-
과장			-	-	-
대리	20만원	10만원	10만원	-	-
사원	15만원	10만원		-	-

적용은 성과가 일정 수준 이상이면 복리후생을 받을 수 있다는 것을 의미합니다. 앞의 성과수당에서 B 등급 이상이 되어야 사원, 대리가 수당을 받을 수 있고 A 등급 이상이 되어야 과장, 차장, 부장이 받을 수 있는 것과 동일한 맥락입니다. 차이가 있다면 모든

직원이 동일 한 기준으로 복리후생을 받을 수 있느냐 없느냐로 나눠진다는 것 입니다.

- 전사 해외 워크샵 (3 박 4 일)
- 매출 OOO 달성시

- 전직원 스마트폰 교체(150 만원 한도)
- MS 1 위 달성시

예산이 별로 없는 작은 회사에 추천하는 가성비 좋은 복리후생

앞은 내용은 예산이 어느 정도 있어야 가능합니다. 마음은 직원에게 잘해주고 싶은데 4대 보험 말고 비용이 부담스러운 경우는 어떻게 해야 할까요? 아래 두 가지 복리후생을 검토해 보세요.

1) 회사 OTT 계정 운영 - 넷플릭스, 왓챠, 쿠팡플레이, 티빙
 - 직원이 언제든, 자주 누릴 수 있고 여가비용을 절감하는 효과가 있으며, 직원이 누군가에게 자랑할 수 있습니다. '우리 회사는 이런 복지도 있다'

- 직원간 공감대 형성에도 좋습니다.
- OTT별로 계정을 2개만 만들고 (가장 비싼 요금제) 직원들이 무료로 시청할 수 있게 해 줍니다. 직원 수에 따라 유동적으로 계정을 만드세요.
- 4개 OTT, 2개 계정(8개 계정 X 최대 17000원)은 136000원으로 얼마 되지도 않습니다. 하지만 직원만족도는 높습니다.

2) 경조사 체계화
- 경조사는 자주 발생하지 않아도 비용이 나갈 일이 별로 없는 복리후생입니다.
- 체계화(정리를 잘하면)하고 직원에게 공지해서 '우리 회사도 경조사 지원해 준다'는 것을 심어주면 직원만족도에 도움을 줍니다.
- 경조사는 아래 내용 정도를 기준으로 검토하는 것을 추천합니다. 아래 내용이 현재 직원 연령대 등을 감안 시 발생 가능성이 적은 경우, 발생 가능성이 높은 경조사 휴가, 경조사비를 증액합니다.
  · 본인 결혼 : 50만원, 5일 (입사 1년후)
  · 자녀/손자녀 결혼 : 50만원, 1일 (입사 1년후)
  · 형제 자매의 결혼 : 1일
  · 자녀 출산 : 30만원, 법정휴가

· 본인/배우자 부모 칠순 : 20만원, 1일

· 본인 사망 : 3개월 월급여

· 배우자 또는 자녀 사망 : 1개월 월급여, 5일

· 부모 사망 : 50만원, 5일

· 배우자 부모 사망 : 30만원, 3일

· 본인 형제/자매 사망 : 20만원, 3일

· 조부모 또는 외조부모 사망 : 10만원, 1일

Question.

인센티브 등으로 급여가 높은 직원이 세금, 4대보험 납부액을 줄이고 싶어해요. 방법이 있을까요?

Answer.

인센티브가 큰 경우에 이런 요구사항이 종종 발생합니다. 돈 (근로소득)을 많이 벌었으면 그만큼 세금, 사회 보험을 납부하는 것은 당연합니다. 하지만 세금, 사회보험을 덜 내고 싶은 마음은 누구나 있을 것이라고 생각합니다. 대표님들이 많이 사용하는 방법은 최저임금 수준으로 급여를 지급하고 나머지는 직원의 지인 등을 거래처로 등록하여 간접적으로 직원에게 지급하는 것입니다. 걸릴 가능성은 낮지만 관련 법에 따른 세금, 사회 보험을 납부하지 않은 것에 따른 리스크는 존재합니다.

3. 복리후생 같은 재택근무

　인터넷에서 재택근무를 알아보고 장단점을 파악하고 나면 도입하기에 뭔가 찜찜한 기분이 드는 분을 위한 글입니다.

　현재 제가 재직 중인 회사(참고로 2천명)는 3년째 재택근무를 운영하고 있습니다. 시행착오 끝에 정착하게 된 재택근무제 운영 포인트를 알려드리겠습니다.

첫 번째, 재택근무를 정의합니다.
　정의하지 않으면, 그냥 '집에서 일한다'가 되어버립니다. 직원은 점점 프리(오예~~ 자유!!)해져요.
- 놀면서 일하는.. 근무시간이지만 개인 볼 일을 점점 더 많이 하게 되죠.
- 저도 재택근무하는 날에는 후다닥 회사일 하고 남은 시간에는 다른 짓을 한답니다.

- 만약 회사에 있었다면 다른 회사 일을 했겠죠.

대표/부서장은 점점 팀원이 하는 일에 대해 불안해질 것입니다.
- '일 하는 거야 뭐야? 눈에 안보이니.. 계속 노는 거 아냐?'
- 근무시간에 맞추어 집에서 일하는지, 잠자는지 등 근태관리가...

그래서 '재택근무란 무엇이다'를 정의합니다.
참고로 저희 회사의 재택근무는 '하기로 한 일, 해야 할 일을 근무 위치와 무관하게 정해진 시점까지 하는 것'입니다. 이 정의는 2년 간 재택근무를 시행하며, 암묵적으로 합의된 것이에요. 돌이켜 생각 하면 재택근무를 처음 시행할 때, 정의되었어야 하는 것이죠.

두 번째, 재택근무가 유지되기 위해 지켜야 할 것을 정의합니다.
  재택근무의 정의가 지켜지기 위해서 대표/부서장은 업무 지시와 해야 할 일을 직원에게 전달할 때, 무엇을 + 어떻게(어떤 방식, 예 상 결과) + 언제까지 해야 함을 명확하게 해야 합니다. 대표/부서 장이 이렇게 소통하지 않는다면, 직원이 대표/부서장에게 해당 내 용을 물어봐야 합니다.
※ 재택근무를 시행을 공지하면서, 재택근무의 정의와 재택근무가 유지되기 위해 대표/부서장/직원이 실천해야 하는 것을 함께 공지 하세요!

세 번째, 정의만으로 부족한 현실적인 문제를 해결합니다.

정의만으로 재택근무를 당장 시행하기에는 부족합니다. 어떤 직무(업무담당자)는 재택을 할 수 있고, 어떤 직무는 일의 특성상 재택이 불가능하고 다 재택 하면 신규 입사자는 누가 일을 알려주거나 케어 하나 싶기도 하고 누구는 한 달 내내 재택하고 누구는 며칠밖에 못하고 불공평해 보이고 재택근무를 하면 업무 진행 사항을 어떻게 관리하나? 결과물이 약속된 일자까지 나오기를 마냥 기다려야만 하나 싶기도 하고.. 등등 고민해야 할 부분이 많습니다. 저희도 이런 종류의 고민을 해결하기 위해 이렇게 저렇게 해보다 현재는 다음과 재택근무 기준을 정하고 운영하고 있어요.

재택근무 기준

1) 재택근무는 1일 전일만 가능
2) 직책자/리더(주 1일만 재택 가능), 팀원(주 2일까지 재택 가능)
3) 재택근무계획을 최소 1주일 전에 소속 직책자/리더에게 허가 받은 경우만 가능
4) 본인의 재택근무계획은 그룹웨어 일정표에 등록하여 같은 부서원들에게 공유

재택근무 불가 기준

1) 반일 재택근무 불가 (반일 재택근무는 0.5일은 일 안 하겠다는

것과 동일하다 → 반차 사용 권고)

2) 반일 재택 + 반차 사용 불가 (반일 재택근무와 반차의 분리 X)

3) 몸이 안 좋아서 재택근무 불가 (재택이 아닌, 연차 사용)

4) 원거리 출퇴근이라서 재택근무 '+알파 일수' 불가

재택근무 제한 기준

1) 약속된 업무 미완수시 : 2주 재택 제한

   (대표/리더가 납득할만한 명확한 이유가 있는 경우 제외)

2) 근무시간 중 최대 20분 이내 업무 미팅, 협의 등에 참석/회신

지연될 경우 : 2주 재택 제한

제**7**장 HR 이런저런 이야기들

1. 시간만 보내는 직원

회사 규모와 상관없이 출근해서 시간만 보내는 직원은 나타납니다.

 일이 너무 익숙해져서, 이것저것 시키려고 뽑았는데 '저것'은 못해서, 여러 이유로 일하기 싫어서 등 사유는 다양합니다. 그럼에도 월급을 계속 입금해줘야 하는 대표님의 속은 타들어 갑니다. 이 사람을 어째야 하지..?

일이 너무 익숙해진 경우

 그나마 낫습니다만 그래도 더 많은 일을 해주길 바라는 대표님은 아쉽기만 하죠. 이럴 때는 품목, 고객, 새로운 사업 등 사업을 확장해서 일이 많아지게 만드는 게 좋습니다. 직원이 일에 익숙해져서 시간이 남아서 논다는 것은 사업 확장의 기회인 거죠!
근데 이렇게 하면, 직원이 주로 제기하는 불만이 두 가지가 있습니다.

첫 번째, 월급에 비해 일이 많다.

두 번째, 근로계약서에 명시된 업무내용과 다르다.

직원이 지금 보다 일을 많이(양, 질, 종류) 하면 직원에게 어떤 혜택이 있는지 알려주면, 직원 불만을 직원 동기부여의 기회로 만들 수 있습니다. 단순히 '회사가 성장해야 너도 월급 많이 받아가지 않겠냐?'와 같은 말은 안 됩니다. 직원 입장에서 욕 나오죠. 더 구체적으로 알려줘야 합니다.

이것저것 시키려고 뽑았는데 '저것'은 못하는 경우

이런 경우 아래 두 가지에 대표님이 생각하는 '저것'이 포함되어 있는지 확인해야 합니다.

1) 그 직원을 채용할 당시에 채용공고(수행업무, 자격요건)

2) 근로계약서에 명시된 업무내용

확인하셨다면, 먼저 명심할 것이 있습니다.

대표님이 마음처럼 일할 직원을 찾는 것은 정말이지,, 너무나 힘든 일이라는 것입니다. 그리고 저도 직원으로 일하고 있지만, 직원은 '급여=돈'을 가장 큰 목적으로 회사를 다닌다는 것입니다.

대표님은 '저것'을 못하는 직원이 월급을 따박따박 받아가는 것에 불만이 점점 쌓입니다. 그러면 그 직원에게 말이 이쁘게 안 나오죠. 그러면 그 직원도 대표님의 마음을 눈치챌 것이고, 다른 직원도 대표님의 까칠해서 눈치 보게 됩니다. 당연히 회사 분위기는 좋지 않습니다. 그럼 모두(대표님, '저것' 못하는 직원, 다른 직원들) 스트레스 받아서 회사 다니기 싫어집니다. 이 상황은 최악입니다. 최악은 피해야죠.

추천하는 방법은 두 가지입니다.

첫 번째, ('저것'이 채용공고, 근로계약서에 포함되어 있다면) 그 직원과 협의하여 '저것'에 해당하는 만큼 급여를 줄입니다. 이 방법을 택하려면, 고민해야 할 포인트는 다음과 같습니다.
얼마큼 줄여야 하는지, 직원이 받아들일지(=협의 포인트)

두 번째, ('저것'이 채용공고, 근로계약서에 포함되어 있지 않다면) 그 직원이 '저것'도 할 수 있게 만듭니다. 이 방법을 택하려면, 고민해야 할 포인트는 다음과 같습니다.
- '저것'을 어떻게 하게 만들지
- 대표님이 생각하는 시간(=기회)을 줘도 그 직원이 못 할 경우 어떻게 할지

2. 눈치 보게 만드는 직원

고의적으로 눈치 보게 만드는 직원에 대처하는 방법을 알아보겠습니다.

대표님(부서장)이 직원(A씨)의 눈치를 보게 되는 상황

1) A씨는 업무적으로 멀티플레이가 가능하다.

2) A씨는 리더십 또는 빅마우스로 회사 분위기에 미치는 영향력이 크다.

3) A씨의 재직기간이 길다.

4) A씨의 업무 전문성 또는 노하우가 다른 직원에 비해 월등하다.

눈치는 보는 대표님의 특징

1) 생각이 많다 = 걱정이 많다

2) 소심하다 = 마음이 여리다

3) 말주변이 없다 = 커뮤니케이션이 미흡하다

4) 대표 또는 상사지만, 직원과 잘 어울리고 싶다 = 외로움을 잘 타는 편이다

위의 상황 + 대표님 = 어느 순간 대표님은 A씨의 눈치를 보고 있을 확률이 매우 큽니다.

눈치를 볼 때
1) 정당한 업무 지시를 할 때 A씨의 눈치를 본다.
2) A씨가 다른 직원들을 데리고 퇴사할까 봐 눈치를 본다.
3) A씨가 경쟁사를 창업할까 봐 눈치를 본다.
4) 기타 자잘한 것들을 A씨가 싫어할까 봐 눈치를 본다.

눈치를 안 보려면

A씨에 대한 회사의 의존성을 줄여야 합니다. 당연히 A씨의 역할을 다른 직원이 분담하거나 아웃소싱하거나 새로운 직원을 채용하거나 대표님이 분담해야 하죠. 이렇게 하면 A씨는 위기감을 재빠르게 느끼고 강한 거부감을 표현할 것입니다. A씨의 거부감을 해소하기 위해 추천하는 방법은 다음과 같습니다.

대표답게 큰 명분

인사 제도적으로 해소할 수 있는 부분도 있지만, 당장에는 대표님이 말빨로 해결해야 합니다. '왜 그러냐? 네가 나한테 그러면 안 되지, 내가 대표 아니냐, 서운하다' 등등의 말은 아무 소용 없습니다.

대표답게 큰 명분으로 말해야 합니다.
'나는 직원들 급여도 많이 주고 싶고 직원들이 우리 회사 좋다고 소문내고 다닐만한 회사로 만들고 싶어요. 그러기 위해서는 회사를 성장시켜야 하는데, A씨의 도움이 필요해요. A씨에게 기존에 하던 일의 일부를 덜어내고 다른 큰일을 시키려고 생각 중이에요. 날 믿고 따라와 주세요.'

인사제도적으로는 어떻게

A씨가 눈치를 보게 만드는 힘은 업무 능력과 인간관계에 있습니다. 이 두 가지 중 한 가지 또는 두 가지가 A씨에게 집중된 것이 문제죠. 집중되어 문제라면 분산시키면 될 것입니다. 인사제도도 '어떻게 분산시킬 것'인가에 초점을 두고 기획/운영되어야 합니다. 이렇게 얘기했지만, 실제로는 별거 없어요^^;;

3. 업무 시간에 딴짓하는 직원

해야 할 일은 많은데, 회사 상황은 여의치 않은데, 업무시간에 딴짓하는 직원. 어떻게 해야 할까요?

꾸지람(a.k.a 갈굼)

'그때뿐'이라는 말이 가장 잘 어울리는 방법입니다. 흔히 '뭐 하냐? 지금 이럴 때냐? 등'의 표현으로 사용됩니다. 상당히 잘 못 된 방식입니다. 근무시간 내내 직원과 함께 할 수 없다면 꾸지람만으로 직원이 딴짓하는 것을 막을 수 없습니다. 또한, 직원 퇴사를 촉진하는 지름길에 해당합니다.

꾸지람을 잘하려면

꾸지람에 앞서 일을 지시할 때, 직원에게 ① 무엇을 어떻게 어느 정도 수준으로 해야 하며, ② 일을 함으로써 기대되는 예상 결과물과 ③ 언제까지 일을 끝내기를 바라는 지까지 정확하게 알려줘야 합니다.

꾸지람을 한다면, ① 직원에게 일의 현재 진행 상태가 어떻다고 생각하는지 물어봅니다. ② 차분히 직원의 생각을 충분히 듣습니다. (잘 듣고 있다는 호응 필수) ③ 직원의 생각을 머릿속으로 갈무리 합니다.(아~ 내가 이런 부분은 오해했구나! 등) ④ 앞서 얘기한 '대표님이 원하는 일에 대한 현재 진행 상태'에 대한 대표님의 생각을 말합니다. 올바른 꾸지람은 위의 과정에서 서로의 오해를 해소하고 '스스로 개선할 점을 찾는 형태' 가 되어야 합니다.

일을 만들어서 시키기

일은 '주어진 것을, 만들어서, 찾아서' 하는 것입니다. 근무시간에 여유가 있다면, 당연히 새로운 일을 시킬 수 있고, 해야 합니다. 하지만 불필요한 일은 여유가 있어도 시켜서도 안되고, 해서도 안 됩니다. 불필요한 일이란 제삼자가 판단하기에도 직원을 채용한 목적과 연관성이 부족하거나 대표님의 개인적인 일에 해당합니다. 잦은 불필요한 일은 단기적으로 직원 반발, 불만, 업무 능률 저하를 장기적으로는 직원 퇴사를 유발합니다.

시키는 일이 불필요한 일인지 확인하려면

- 대표님이라면, 이 일을 하는 것에 ① 내가 왜 이런 걸 해야 해?

라는 물음이 생길지 생각해 보세요.

- ①에 이유가 생각났다면, ② 직원을 채용한 목적에 부합하는지 생각해 보세요.
- 채용 목적에도 적합하다면, ③ 지금 이 일을 하는 게 꼭 필요한지 생각해 보세요.
- ①, ②, ③에서 막힌다면, 불필요한 일인지 의심해야 합니다.

- 일을 시킬 때, 당장 3가지를 생각하기 힘들다면,
  일단 일을 시키고 생각해 보세요.
  그리고 불필요한 일인지 의심이 든다면 직원에게 양해를 구하세요. 그냥 넘어가면..? 상상에 맡기겠습니다.

근태관리

 가장 많이 사용하는 방법으로 다른 방법과 적절히 섞어 쓰면 효과가 달라집니다. 반복되는 근태 불량에 대한 꾸지람의 근거로 근태관리 히스토리를 활용하는 것이 대표적인 예입니다. 물론 이 경우에도 꾸지람을 잘해야 합니다. 몇 분 늦게 출근하는 직원에게 아래와 같은 정도로 꾸지람을 시작하면 좋습니다.
'우리 회사 근무 시작은 9시부터인데, 0월 0일 / 0월 0일 / 0월 0일 등에 몇 분 정도 지각하는 모습을 보게 되어 살짝 실망스러워요. 회사나 개인적으로 도와줄 문제가 있다면 도와주고 싶어요. 왜 자주 지각을 하는지 이유를 알 수 있을까요?'

근태관리로 업무시간에 딴짓하는 직원을 바로 잡으려면 근태관리의 핵심 두 가지를 지켜야 합니다.
첫 번째, 기준이 있느냐. 기준은 취업규칙, 근로계약서, 공지글 등에 명시하는 형태로 직원이 알 수 있어야 합니다. 참고로 기준은 구체적이어야 합니다. 뜬구름은 안됩니다.!
두 번째, 증거가 있느냐. 증거는 물적 증거가 좋습니다. 고정 근무지라면 출입문 제어/기록관리(요즘은 비콘, GPS 등도 있지만)를 추천합니다.

근태관리 기준과 증거는 시작 전부터 직원 감정을 상하게 할까 걱정될 수 있습니다. 이럴 때는 '회사의 체계를 갖추어 나가는 과정'임을 강조하고, '도둑이 제 발 저린다'는 속담을 명심하시고 대응하기 바랍니다. 기준과 증거에도 안된다고요? 더 이상의 경고는 없습니다. 징계를 진행합니다. 물론 징계 외에도 이를 보완 하기 위한 방법도 있습니다.

동기부여

딴짓해도 되는 기준

동기 부여하는 방법은 상황, 개인의 성향에 따라 맞춤형으로 적용하는 게 이상적입니다. 이상은 일단 놔두고 뜬금없지만 저의 이야기를 하겠습니다. 저는 현재 모회사의 직원으로 있으며, 저도 업무시간에 딴짓합니다. 저는 다음의 요건이 충족할 때만 딴짓 합니다. 아주 당당하게 딴짓하죠. 누가 보든.

① 오늘 7시 30분경부터 업무를 시작했다. (저희 회사 업무 시작은 8시 30분)

② 지금 당장 하지 않으면 안 되는 일이 없다.

③ 내가 해야 할 일들을 회사와 약속한 업무 완료일 안에 끝낼 자신이 있다. 업무 완료일은 말 그대로 일이 끝나는 날(시간)이지, 보고하는 시점이 아니다.

④ 최근 1년 내 업무 완료일을 어겨 본 적이 없다.

⑤ 최근 1년 내 업무 결과물로 회사에게 꾸지람을 들은 적이 없다.

추가. 딴짓 한도 : 하루 최대 1시간

　저의 사례와 같이 딴짓해도 되는 기준을 작성하고 직원의 의견을 받아서 보완한 다음, 공식적으로 딴짓을 인정하면 어떨까요? 저와 같은 사람은 딴짓을 하기 위해서라도 일을 빠르게 잘할 것입니다. (= 동기부여가 잘 됨) 물론 저와 성향이 다른 직원이 많다면 접근 방식이 달라 져야 해요.

4. 징계는 언제, 누구를

대표님들과의 미팅에서 징계는 자주 나오는 자문사항입니다. 여러 사유로 마음에 안 드는 직원을 징계(경고부터 해고까지)할 수 있다는 것은 알고 있고, 기준과 양식, 절차도 알지만 실제로 어떻게 해야 할지 궁금합니다. 회사가 작은 경우에는 더군다나 체계가 없거나 미흡해서 더 궁금합니다.

노무사에게 물어보면 취업규칙, 징계 절차 등을 이야기하지만 이미 인터넷에 나와 있는 내용이라 '그렇구나..' 할 정도지, '아~! 그렇게 해야겠구나!' 정도의 느낌은 없습니다. (당연히 취업규칙, 징계 절차 등은 갖추어져야 합니다.) 그래서 당장 고민하고, 써먹을 수 있는 징계 방법을 보겠습니다.

징계에 있어 고민해야 할 것

언제 징계해야 하는가.

징계를 사용하는 시기는 누구를 징계하느냐 만큼 중요합니다. 모든 직원에게 일관된 기준을 적용하는 것은 당연하지만, 회사 상황 (업무량, 실적, 직원 입퇴사 현황 등)을 고려하여 일부 징계의 사용 여부를 결정하는 것이 현실적입니다. 일부 징계는 경징계만 의미하며 중징계는 해당되지 않습니다. '그럴 수도 있지'라는 생각이 든다면 경징계, 생각이 안 든다면 중징계 사안입니다.

피치 못할 늦은 야근이 반복되는 상황에서 지각하는 직원을 징계해야 할까요?

누구를 징계해야 하는가.

'누구를 = 잘못한 직원을'입니다. 잘못했다는 것은 약속한 것을 지키지 않았다로 가장 쉽게 설명됩니다. '지각'의 경우 취업규칙 등에 '지각하는 직원은 징계다!'라고 명시하지 않았어도, 근로계약서에 근로시간이 명시되어 있는 것으로 직원 스스로 지각임을 알 수 있습니다. 이 부분을 받아들이지 못하는 직원 정도면 이별을 준비하는 게 맞습니다.

우리는 사람이기에 잘못한 행동과 그 사람을 떼어서 생각하기 어렵습니다. 누가 뭘 잘못하면 그 사람에 대한 감정도 안 좋아져서 그 사람이 싫어지고 그러거든요. 하지만, 회사를 대표하는 사람은 달라야 합니다. 징계에 해당하는 잘못된 행동을 뺀다면 그 직원이 어떤가를 생각해야 합니다. 징계를 하지 말라는 의미가 아닙니다. 행동과 사람을 구분하고 행동만 벌(징계)의 대상임을 생각하고 징계를 해야 한다는 의미입니다.

지각하는 대표가 지각하는 직원을 징계하면 어떨까요? 직원은 자기 잘못은 생각 안하고 '지도 지각하면!!!'라고만 받아들입니다.

바로 써먹을 수 있는 징계 방법

경징계(경고, 시말서 작성, 견책 등)는 메시지로 하세요.

문자, 카톡, 사내메신져, 이메일 무엇이든 상관없습니다. 징계 기록이 유지되면 됩니다. 메시지의 내용은 잘못한 내용(언제, 무엇을, 어떻게), 앞으로 계획(앞으로 어떻게 행동했으면 좋겠다는 회사의 의견), 의견 묻기(징계 대상 직원에게 징계조치를 어떻게 생각하는지)를 갖추기를 추천합니다. 상담하는 대표님들에게 상황 (징계에 이르기까지 히스토리, 징계 직원 성향, 대표님 성향, 앞으로 그 직원을 어떻게 할지 등)에 적합하게 메시지를 직접 작성해 드리기 도 합니다.

중징계(감봉, 강등, 정직, 해고 등)는 어떻게 할까요.

중징계는 무거울 중(重) 자를 사용합니다. 말 그대로 무거운 징계

입니다. 급여를 삭감하거나(감봉), 직급을 내리거나(강등), 일을 못하게 하거나(정직), 회사에서 아웃(해고)시킵니다. 세죠. 참고로 경징계는 가벼울 경(輕) 자를 사용합니다.

권투 선수가 카운터를 날리기 위해 기회를 엿보고 준비를 하는 것처럼, 중징계에도 준비가 필요합니다. 준비란 징계 절차를 지키는 것을 의미합니다. 인터넷 찾아보면 많이 나오는 그 징계 절차입니다. 인터넷에 나오는 징계 절차는 작은 회사의 경우 뭔가 다른 나라 이야기 같습니다. (징계위원회 구성하라는데, 직원 몇 명 안 되는데 위원회를 어떻게 구성하지? 간사를 인사부서장으로 하라는데, 인사담당자가 없는데 어떻게 하지? 등) 인터넷의 내용은 너무 정석대로만 있거든요. 대표님들과 미팅하면서 회사 규모, 상황에 맞게 징계 절차를 세팅해 드리기도 합니다.

징계 절차가 존재하는 이유는 '회사가 징계사유를 직원에게 명확히 알렸는가, 직원이 자신을 변호할 기회를 회사가 충분히 주었는가'에 있습니다.

징계가 답일까

징계는 대표 입장에서 부담스럽습니다. 뭔가 싸우자! 가 되는 것 같거든요. '징계까지는 아니고,, 직원이 그러지 않았으면 좋겠다' 정도가 실제 대표님의 의중인 경우가 많습니다. 이 경우 징계가 아닌, 다른 관점으로 봐야 합니다.

피치 못할 늦은 야근이 반복되는 상황에서 지각하는 직원을 징계하는 것보다 좋은 방법은 무엇일까요? 야근이 반복될 수밖에 없는 기간, 상황에서 근무시간보다 늦게 출근하는 것을 '지각'이 아닌, 출근시간의 변경이라는 개념으로 바꾸면 어떨까요? 근로계약에 1일 8시간(9~18시) 근무라면, 10시 에 늦은 출근을 했으니 저녁 7시가 퇴근시간이 되는 개념입니다. 새로운 듯 하지만 이미 근로기준법에 관련 조항이 있습니다.

대표를 포함한 임원은 정시출근을 지켜야 합니다. 정시 출근해서 출근하는 직원들에게 따뜻한 커피, 토스트 등 간단한 아침식사를 대접하세요. 직원들의 야근에 감사를 표현하고 정시출근의 압박도 줘야 합니다. 실행하기 민망하거나 꺼려지나요? 민망하고 꺼려질 수 있습니다. 저라도 그럴 거예요. 하지만 제가 대표라면 꺼려지더라도 내가 원하는 결과를 얻기 위해 실행할 겁니다.

5. 목표(Objective, Goal)의 핵심

목표(Objective, Goal)에 대해 쓸까 말까 고민을 많이 했습니다. 왜냐하면 목표의 핵심, 그 이상을 '목표'에서 깨닫지 못했기 때문입니다.

목표(Objective, Goal)의 핵심은 세 가지로 말할 수 있습니다.
1) 도전적인 목표   Stretched Goal
2) 목표 정렬   Alignment
3) 성과에 대한 피드백   Feedback

Stretched Goal

목표 수립에서 도전적 목표(Stretched Goal)는 당연하지만 이상적인 것입니다. 흔히 평가척도를 5단계(S A B C D)로 나눌 때, S는 도전적이며 달성했을 때 대단한 성취 수준을 나타내는 것에 해당합니다. B는 목표를 달성한 수준에 해당하죠. 하지만 상당히 많은 사람들은 B를 업무를 수행하며 당연히 달성될 수준으로 정하고, A 또는 S를 목표를 달성한 수준으로 설정합니다.

목표 자체의 난이도에 따라 등급을 정의하는 것이 적합하지만, 1) 목표 자체의 난이도를 인사부서에서 파악하는 게 거의 불가능한 현실과 2) 어려운 목표 수립으로 목표 달성률이 낮아지면 소속 부서장의 성과도 낮아지는 것과 같이 해석되기 때문에, 현업에 도전적인 목표를 세우도록 하는 것은 거부감이 많습니다. 하물며 OKR에서 말하는 Objective는 단순히 도전적 목표만을 의미하는 것 이상입니다. 그 자체로 일을 하는 이유이자 동기부여가 되어야 하고 비전이 되어야 하죠.

도전적인 목표는 달성하면 '대단하다!! 어떻게??!!' 정도로 감탄할 정도의 것이어야 합니다. 단순하게 볼 때, 매년 매출 5억을 달성하는 영업직에게 6억은 도전적인 목표가 아닙니다. 매출 10억은 되어야 합니다. 도전적 목표를 세우고 가다듬다 보면 어느새 OKR에서 말하는 Objective와 맞닿아 있음을 깨닫게 될 것입니다.

도전적인 목표와 달성 전략 수립 과정

일반적인 노력으로는 달성 불가능한 목표를 세운다 = 도전적 목표

도전적인 목표를 달성할 수 있는 방법을 찾는다 = 전략 도출

전략의 실행 결과의 합이 도전적 목표의 달성에 충분한지 검토하고 보완한다 = 전략의 보완

도전적인 목표와 전략의 본질을 발견한다 = <u>최종 결과</u>

Alignment

　목표는 세우는 이유는 한 방향으로 조직의 역량을 집중하기 위해서 입니다. 이는 아주 기본적인 경영 전략과 동일합니다. 한 방향으로 조직의 역량을 집중한다는 것은 회사의 비전, 미션, 목표를 달성 하기 위해서 모든 부서, 구성원이 집중한다는 것 입니다. 역량을 집중하려면 회사의 모든 목표는 정렬(Alignment) 되어 있어야 하며, 누락됨이 없어야 합니다. 또한 특정 영역에 조직의 역량이 쏠려 있어서도 안됩니다. 이는 부서의 목표와 개인 목표와의 정렬에서도 마찬가지입니다. 목표의 Alignment를 점검 하는 것은 인사부서에서 일부 수행할 수 있으나, 현업 부서장이 수행하는 것이 적절합니다. 인사부서는 현업 부서장이 올바르게 목표를 정렬하고 보완할 수 있도록 가이드를 제공하고 도와주어야 합니다.

회사 목표 ↔ 부서 목표 ↔ 개인 목표

목표 정렬 점검 포인트

Q1. 부서 목표를 모두 달성하면 회사 목표가 달성되는가?

Q2. 개인 목표를 모두 달성하면 부서 목표가 달성되는가?

Q1, Q2에 명확한 답변을 할 수 없다면 Alignment가 이루어지지 않았다고 판단해도 됩니다.

Feedback

평가는 '할 일(목표)'과 '한 일(성과)'에 대해 소통하는 채널입니다. 소통은 쌍방향이어야 합니다. 그래야 서로의 의중을 파악할 수 있고 발전적인 방향으로 나아갈 수 있습니다. Feedback이 없다면 작성한 목표를 위해 일을 제대로 하고 있는지(구성원 입장에서, 회사 입장에서) 확인하기 힘듭니다. 그냥 '일'을 하고 있을 뿐이죠. 같은 길을 걷기 시작했어도 길을 걷다 보면 어느덧 다른 방향으로 가고 있을 수 있습니다. Feedback은 목표를 달성할 수 있도록 방향을 잡아주는 것이라고 보면 맞습니다.

그럼 Feedback은 무엇을 해야 할까요?

A1. 구성원은 [내가 할 일은 무엇이며, (특정 기간 동안) 한 일은 무엇입니다.]를 먼저 작성합니다.

→ A1은 되도록 텍스트로 작성해서 부서장에게 전달하는 것이 좋습니다.

A2. 부서장은 [한 일에서 이러한 부분은 잘했고 이러한 부분은 보완하면 좋겠다.]를 작성/소통합니다.

→ A2는 필수적으로 A1을 확인하고 고민하고 텍스트로 작성하되 대면해서 소통하는 것이 좋습니다.

6. 권고사직, 해고는 어떻게 해야 하나요

해고는 명확한 사유(주로 징계해고)가 없다면 힘든 과정입니다.
그래서 회사는 해고를 하기 전에 '권고사직'을 먼저 하는 경우가
많습니다.

해고
해고는 정당한 사유와 절차를 지켜야 정당한 해고가 됩니다.
그렇지 않은 해고는 무효입니다.
- 정당한 사유 : 직무능력의 결여, 성격상의 부적격성, 중한 질병,
경쟁기업과의 친밀한 관계, 노무제공 불이행 등
- 절차 : 근로기준법에 따른 해고사유 등의 서면통지, 해고 예고,
취업규칙에 따른 절차 준수 등

절차를 지키는 것은 해고 사유를 입증하는 것보다 수월합니다.
특히 해고 사유가 '직무능력의 결여, 성격상의 부적격성'에 해당할

때 더 그렇습니다. 현실에서 가장 많은 해고 사유에 해당하기도 하죠. 해고 사유를 입증하는 것과 절차를 지키는 것은 인터넷 상의 여러 글에서 많이 다루어지고 있습니다. 조금만 검색해도 찾을 수 있습니다

권고사직

권고사직은 사직을 권한다는 의미입니다. '사직하는 게 어떻니?' 사직을 권하는 것이기 때문에 직원은 거부할 수 있는 권리를 가지고 있습니다. 직원이 거부한다면 어떻게 될까요? 계속 근로하게 하든지, 기회를 봐서 계속 사직을 유도하든지, 해고 절차를 진행하든지 중 하나입니다. 어느 것이든 회사든 직원이든 스트레스 받는 선택지입니다.

권고사직을 직원이 받아들이기 위해 퇴직위로금으로 몇 개월 급여를 제시합니다. (큰 회사는 몇 년 치를 제시하기도 합니다.)

권고사직에서 협상 카드

권고사직을 듣는 직원은 일단 화가 나고 어이없을 것입니다.

우선 '내가 왜???' 종류의 화가 납니다. 시간이 지나면서 '어떻게 이직하지?'라는 생각이 듭니다. 권고사직을 듣는 시점부터 일은 손

에 잡히지도 않고 다른 직원들과 거리감도 느껴집니다. 권고 사직을 듣는 직원의 입장이 조금 이해되었다면 권고사직에서 사용할 협상 카드를 다음 세 가지 관점으로 생각해야 합니다.

첫 번째, 다른 회사에 입사할 때까지 경제적 불안감

퇴직위로금으로 해결합니다. 1~3개월 급여 정도가 적절합니다. 퇴직위로금은 퇴직금과는 별개입니다. 급여처럼 급여일 마다 입금 또는 일시불 지급 중에 선택할 수 있게 합니다. 퇴직위로금을 급여일 마다 지급하는 경우 퇴직위로금이 지급되는 기간 동안은 사대보험도 납입해 주고, 재직기간으로 합니다. 퇴직위로금을 지급하는 기간 동안, 인수인계 목적 외에는 출근하지 않는 것으로 합니다.

두 번째, 이직까지 공백기간이 길어짐에 대한 불안감

퇴직위로금 지급 기간 종료 후, 급여 지급 없이 사회보험만 납입해 주는 기간을 정합니다. 최대 6개월로 하고 사회보험 납입 기간 중 타사 입사 시 납입 종료하는 것으로 합니다. 사회보험 납입 기간 동안은 재직 기간으로 합니다. 사회보험 납입 기간은 출근하지 않습니다.

세 번째, 권고사직으로 인한 자존감 하락

가장 중요하지만 방법이 없습니다. '당신이 못난 게 아니라 우리

회사와 맞지 않아서 그런 것이다.'를 강조합니다. 직원이 우울해 한다고 해서 권고사직을 철회하지 마세요. 권고사직을 결심하기 까지 있었던 일이 반복될 뿐입니다. 한번 권고사직을 결심하고 입 밖으로 뱉었다면 끝까지 밀어붙이세요.

7. 직원에게 상처받은 대표님에게

　많은 대표님들이 직원을 생각하는 마음에 이것저것 챙겨주지만 그 만큼 따라오지 못하거나 생각하지 못한 직원의 언행에 상처를 받는 경우가 많습니다. 충분히 이해하는 바입니다. 이런저런 고민과 논의 끝에 평가, 보상을 생각하셨겠지만 현재 상황을 놓고 보면 평가, 보상만으로 해결될 수 있는 사안은 아니라고 생각 합니다.

　먼저 직원이 왜 저렇게 퇴사 계획을 짜고 있는지 근본 원인을 파악해야 합니다. 직원분들과 1:1 면담을 진행해 보기를 권합니다. 모든 직원을 면담할 필요는 없고, 다음의 5명과 진행해 보기를 추천합니다. 면담의 시작은 '진심으로 회사를 개선하고 싶고 그 개선은 직원들의 솔직한 생각이 시작임'을 강조하는 것으로 합니다. 필요하면 제가 대신하면 직원 면담을 진행하기도 합니다.

· 가장 오래 다닌 직원 1명
· 입사 3년 정도 된 직원 1명
· 입사 1년 정도 된 직원 1명

· 입사 6개월 정도 된 직원 1명

· 입사 1개월 정도 된 직원 1명

작은 회사일 수록 직원과 대표, 임원과 직원이 부딪칠 일이 잦습니다. 이럴수록 다음의 것들을 신경 써야 합니다. 직원은 경영진의 사소한 언행도 크게 받아들이는 점을 잊지 마세요. 직원과 친해질수록 더욱더 신경 쓰고 조심해야 합니다. 경영진의 사소한 언행이 회사에 잘못된 소문으로 퍼지는데 5분도 안 걸립니다.

· 경영진의 사소한 언행

· 경영진이 직원에게 하는 약속

말씀하신 평가, 보상은 '공정성'을 확보하는 게 가장 중요합니다. 평가의 공정성은 다음의 세 가지를 평가제도에 반영함으로써 확보할 수 있습니다.

· 누가 나를 평가하느냐

· 언제 평가하느냐

· 과정과 결과, 모두 평가하느냐

보상의 공정성은 다음의 두 가지를 보상에 반영함으로써 확보할 수 있습니다.

· 일에 대한 기여도 반영

· 역량의 차이 반영

　평가는 프로젝트 베이스로 움직이는 조직임을 반영하기 위해 프로젝트 단위로 하는 것을 추천합니다. 이미 이렇게 하고 있지 않을까 짐작합니다. 이미 이렇게 하고 있다면, 앞서 언급한 세 가지가 평가에 명확하고 반영되어 있는지 검토해 보시길 추천합니다. 보상은 프로젝트 단위별로 프로젝트 영업이익의 00%를 인센티브 재원으로 하고 프로젝트 구성원에게 배분하는 형태를 취하는 것을 추천합니다. 배분 시에 앞서 언급한 두 가지가 명확하게 반영되도록 합니다.

　위의 평가, 보상 방식은 프로젝트 베이스로 움직이는 회사에서 적용하는 일반적인 평가/보상 방식입니다. 프로젝트 베이스의 회사인 경우에 추천하는 방식이기도 합니다. 평가/보상의 원칙은 일반적인 회사에서 적용하지만 제대로 지켜지지 않거나 적용하지 않는 방식에 해당합니다. 대면하여 논의하면 구체적으로 어떻게 평가/보상을 가져가면 좋을지 윤곽이 잡히지 않을까 싶습니다.

구체적으로 어떻게 하면 좋을지에 해당하는 내용은 다음과 같습니다.
· 평가 목적

· 평가 항목

· 평가 시기

· 평가자

· 평가에 따른 보상 배분 방식 등

　현재 상황에서 중요한 것은 대표님이 상처받고 흔들리는 것을 직원들에게 보이지 않는 것입니다. 상처받은 대표님의 마음은 한편에 놔두고 비즈니스는 평소와 같이 대하기 바랍니다. 마음에 상처 받고 회복되는 시간이 대표님과 회사가 더 성장할 수 있는 기회가 되리라 확신합니다.

8. 회사는 대표의 그릇만큼 성장한다

한 단계 성장하고 싶어요.

대표님들과 미팅하다 보면 현재로는 더 이상 성장할 수 없다는 얘기를 자주 듣습니다. 그리고 인사(HR)은 회사가 한 단계 성장하기 위해 필수라고 생각했다는 이야기를 듣죠. 대표님의 상황에 맞춰 이런저런 조언을 드리고 경우에 따라 제도를 만들어 드리기도 하지만 결국 회사가 성장한다는 것은 대표가 성장한다는 것과 같습니다. 작은 회사일수록 더욱 그렇습니다.

대표님이 성장한다는 것은

첫 번째, 많고 다양한 인재를 담을 수 있는 포용력, 리더십을 갖추는 것입니다.

두 번째, 모진 풍파에도 견딜 수 있는 정신력, 스트레스 내성을 갖추는 것입니다.

세 번째, 유연하게 시장과 회사 상황에 맞춰 바뀌고 빠르게 적응할 수 있는 것입니다.